돈이없지 꿈이없냐

미니멀 라이프
(Minimal Life)

돈이없지 꿈이없나
미니멀 라이프

초판 1쇄 인쇄 2018년 9월 5일
초판 1쇄 발행 2018년 9월 5일

지은이 | 김용희
펴낸이 | 김혜영

펴낸곳 | 예원북하우스
등 록 | 제2013-000124호
주 소 | 경기도 고양시 일산서구 하이파크로3로 62, 503-1004
전 화 | 031-902-6550
팩 스 | 031-902-6690
이메일 | yewonbookhouse@hanmail.net

교 정 | 이은경
디자인 | 참디자인

ISBN 979-11-951269-2-7 (03230)

* 이 책은 신저작권법에 의하여 국내에서 보호를 받는 저작물입니다.
  출판사의 협의 없는 무단 전재와 무단 복제를 엄격히 금합니다.
* 책 값은 뒷표지에 있습니다.
* 잘못된 책은 교환하여 드립니다.

작은 것이 행복이다

돈이 없지 꿈이 없냐

Minimal Life

김용희 지음

예원북

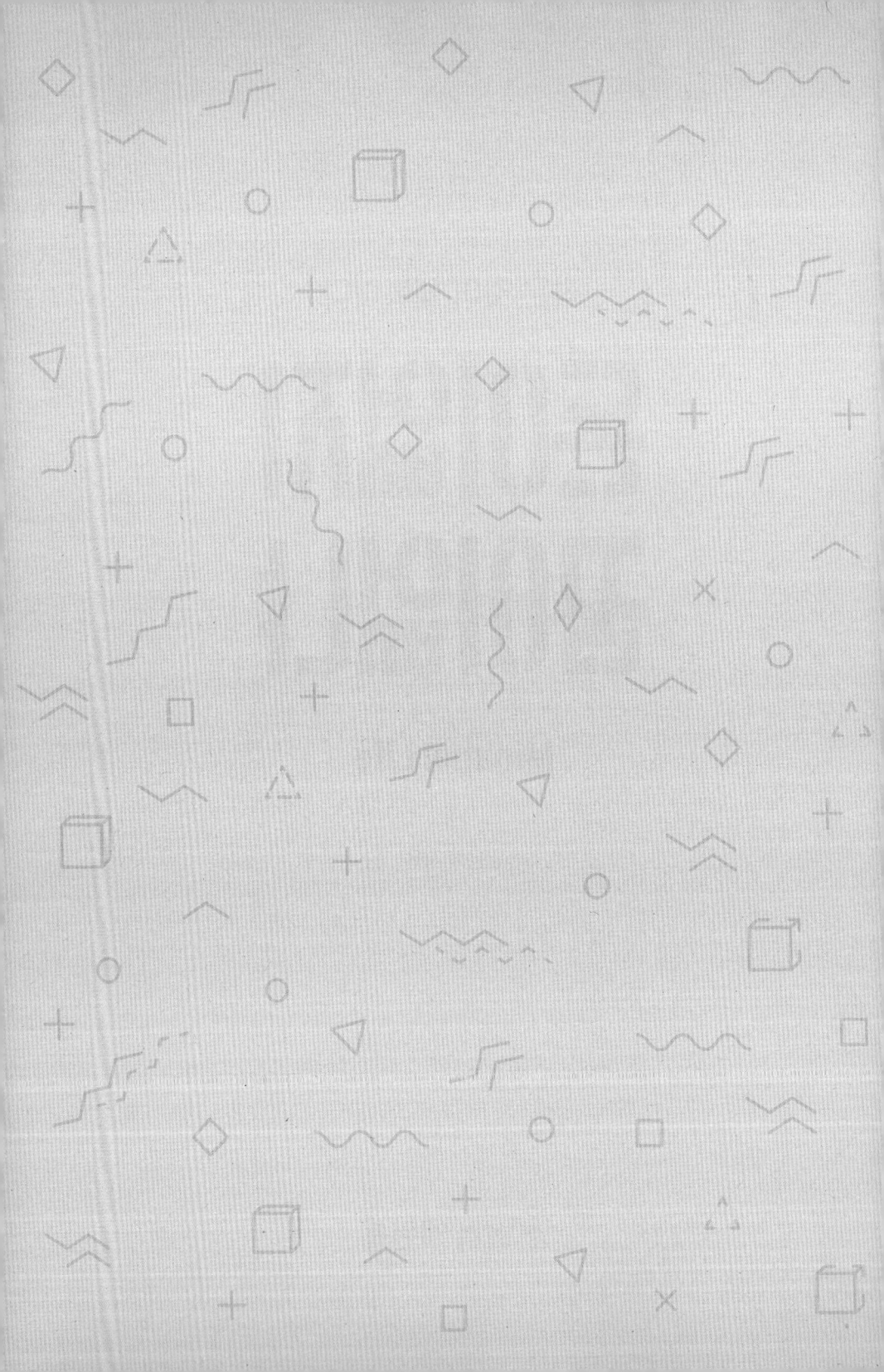

Prologue
꿈꾸는 것이 행복이다

꿈꾸는것이 행복이다.
현대 사회가 불행한 것은
꿈이 없는 젊은이들 때문에 미래가 없기 때문이다
청춘들이 불행한 것은
너무 큰 것을 바라보지만 꿈이 없기 때문이다.
우리의 마음이 불행한 것은
큰 것에 매달리지만 진정한 보물지도인 꿈이 없기 때문이다.

사람이 행복하기 위해서는
꿈을 소유해야 한다.
감당할 수 없을 만큼 큰 것은 사람을 힘들게 한다.
큰 것이 사람을 피곤하게, 삶을 지치게 만든다.
가능하면 작은 집에 살고, 작은 것을 소유하고,
작게 먹고, 작은 것을 바라보아야 한다.
그러나 크든 작든 꿈이 있어야 한다.

돈이 없지 꿈이 없는게 아니다.

소박한 것으로 만족 할 수 있으면
인생의 대부분은 행복하다.
검소한 것은 인간의 최고 미덕이다.
큰 것은 자랑거리가 아니라 감추어야 할 수치다.
세상 무엇이 인간보다 클 수 있는가?
작고 소박하지만 꿈을 갖는 것이 행복으로 가는 지름길이다.

우리는
살아 있어서 행복하다.
먹을 수 있어서 행복하다.
볼 수 있어서 행복하다.
다닐 수 있어서 행복하다.
옆에 사람이 있어서 행복하다.
영화가 있어서 행복하다.
책이 있어서 행복하다.
교회가 있어서 행복하다.
노래가 있어서 행복하다.
네가 있어서 행복하다.
꿈이 있어서 행복하다.

행복할 사람은 불행 속에서도 행복하고,
불행할 사람은 행복 속에서도 불행하다.
모든 것이 행복이고 모든 것이 불행이다.

우리는 많은 것으로 행복하지 않다.
가장 작은 것으로 가장 많이 행복하다.
큰 것도 작게 보면 불행하고
작은 것도 크게 보면 행복하다.
연필과 자판이 있어서 나는 참 행복하다.
그러나 꿈이 없다면 나는 참 불행하다.

돈이 없지 꿈이 없는게 아니다.

목차

Prologue : 꿈꾸는 것이 행복이다 · 7

제1부 : 돈이 없지 꿈이 없냐

1 5달러 인생 · 16
2 아주 조금 차이로 행복하다 · 20
3 '더'라는 함정에 빠지지 말라 · 25
4 행복은 난초다 · 30
5 위기를 극복하면 행복하다 · 36
6 마음을 채우면 인생이 행복하다 · 41
7 전혀 다른 곳에 행복이 있다 · 48
8 배고픔이 삶의 원동력이다 · 54
9 우리는 없는 것보다 있는 것이 많다 · 57
10 날파리는 사자가 두렵지 않다 · 59
11 너무 많은 것을 감당할 사람은 없다 · 62
12 행복의 객관적 조건 · 65
13 행복은 보물지도다 · 69
14 행복은 기다려야 온다 · 72
15 봄가을엔 누구나 행복하다 · 77

제2부 : 작게 소박하게 행복하게

16 하루 천 번 웃으면 누구라도 행복하다 · 83
17 청소하면 행복하다 · 87
18 날씨가 궂을수록 얼굴을 밝게 하라 · 91
19 땀 흘리면 행복하다 · 97
20 어제 일로 오늘을 불행하게 살지 말라 · 100
21 쓸 데 없으면 돈 벌지 마라 · 103
22 사람이 먹어서는 안 되는 음식 · 105
23 나도 내가 원하는 걸 모른다 · 107
24 서두르지 말라 · 109
25 힘을 빼면 다치지 않는다 · 114
26 후회하지 않으면 행복하다 · 118
27 더 나은 것을 선택하라 · 123
28 잘못 산 물건은 빨리 치워라 · 128
29 기술이 행복이다 · 132

제3부 : 땡전 한 푼 없이 행복 하라

30 살아 있으면 행복이다 · 138
31 잡을 수 없는 것은 내 것이 아니다 · 144
32 불행도 행복이다 · 150
33 좋게 보면 모든 것이 좋다 · 155
34 아무것도 부러워 말라 · 160
35 착한 인생에 실패는 없다 · 164
36 나중 문제를 현재로 끌어 오지 말라 · 170
37 욕먹어도 기죽지 말라! · 175
38 의지와 감정의 전쟁 · 181
39 잘 생각하면 행복하다 · 185
40 땡전 한 푼 없이 행복하라 · 189
41 마음이 채워지면 인생도 채워진다 · 191
42 집에 무슨 의미가 있을까? · 195
43 내 것은 없다 · 197
44 밥 푸기의 장인 · 200
45 골치 아픈 일에는 바보가 되라 · 203
46 원리를 알면 행복하다 · 207

제4부 : 내가 죽어도 가게 문은 닫지 마라

47 하나만 잘하면 행복하다 · 212
48 남의 세계를 동경하지 말라 · 217
49 스스로에게 적이 되지 말라 · 225
50 상처는 훈장이다 · 232
51 혼자 행복한 1등 · 236
52 붕어빵 여섯 개의 행복 · 238
53 사랑인가 거래인가? · 241
54 듣기 싫은 말은 하지 말라 · 243
55 보기 싫은 짓을 하지 말라 · 250
56 농담으로 상처 받지 말라 · 255
57 내가 죽어도 가게 문은 닫지 마라 · 260
58 부조화가 모이면 조화가 된다 · 263
59 치우치면 쓰러진다 · 269
60 감정에 몸을 맡기지 말라 · 275

제1부

돈이 없지
꿈이 없냐

01
5달러 인생

추운 겨울 저녁. 영국 런던 시내의 한 악기점을 남루하게 옷을 입은 한 사람이 들어왔습니다.

그의 옆구리에는 헌 바이올린이 들려져 있었습니다.

"무얼 찾으십니까?" 주인이 묻자 그는 "저는 배가 고파서 견딜 수 없습니다. 제발 이 바이올린을 팔 수 없을까요? 저는 무엇을 먹어야 하니까요. 얼마라도 좋습니다. 그냥 사 주세요."

그래서 악기점 주인 벤츠씨는 5달러를 주고 그 바이올린을 샀습니다.

벤츠씨는 그 사람이 떠난후 5달러를 주고 산 바이올린을 무심코 켜 보았습니다.

손잡이 활을 줄에 대고 한 번 당겨보니 놀라운 소리가 났습니다. 깜짝 놀랄정도로 풍부한 음색과 선율이었습니다.

벤츠씨는 급히 환한 불을 켜고 바이올린을 이리저리 관찰하기 시작했습니다. 먼지 투성이의 바이올린 속을 들여다 보고 그는 또

한번 놀라지 않을 수 없었습니다.

그곳엔 기절할 만한 글씨가 적혀 있었기 때문이었다.

Antonio Stradivari, 1704 (안토니오 스트라디바리, 1704년 제작)"

악기점 주인 벤츠씨는 그 바이올린이 행방불명되어 1~2백년 동안 그 많은 사람들이 찾으려고 애썼던 거장 스트라디바리의 바이올린임을 알게 되었습니다. 악기점 주인은 얼른 밖으로 나가 바이올린을 판 사람을 찾으려 했으나 허사였습니다.

배가 고파서 밥 몇 끼니 먹을 수 있는 값 5달러에 팔아버린 바이올린은 무려 10만달러 짜리였던 것이었습니다.

실로 안타까운 이야기입니다. 그 남루한 바이올린 주인이 바이올린의 가격을 제대로 알아 정가격에 팔 수 있었다면 그는 이렇듯 비참한 생활을 끝낼 수 있었을텐데 말입니다. 하지만 그 안타까움만큼이나 깊이 생각해야 할 한 가지가 있습니다.

나 또한 그 바이올린 주인처럼 10만 달러보다 더 귀중한 나의 삶, 나의 꿈을 단지 먹고 살겠다는 이유만으로 혹시 5달러 짜리로 취급하고 있지나 않은지…

고난 자체는 실패가 아직 아닙니다. 고난 자체보다도 그것을 내가 어떻게 받아들이고 어떤 꿈을 꾸고 사느냐에 모든 것이 달려 있습니다. 고난이 없다면 성장하기 어렵기 때문입니다. 아이를 키우면서 성장통이 있다는 것을 알게 되었습니다. 이유도 없이 아이가 밤새 다리가 아프다고 합니다. 몇 일을 무심코 지나가다 안 되겠다 싶어 병원에 갔더니 성장통이라고 합니다.

처절한 고통 가운데서도 그들만의 꿈과 성공을 이루었을 뿐만 아니라 오히려 상처받은 사람들의 아름다운 치유의 통로가 된 많은 인생의 승리자들을 보십시오.

돈이 없지 꿈이 없는 것이 아닙니다.

그들에게 그러한 고통이 없었다면 그만큼 성장하기 어려웠을 것입니다. 그 고난 때문에 그들이 가꾸어온 꿈으로 더 가까이 갈 수 있었으며 가정과 인생의 소중함을 발견하며 꿈을 이루며 성장할 수 있게 되었습니다.

고난은 성공과 실패 한가운데 있습니다. 고난 그 자체는 아직 실패가 아닌 것입니다.

하지만 꿈이 없다면 철저하게 실패한것입니다.

그 분께서는 우리 안에 이미 어떤 고난도 딛고 일어설 수 있는 힘과 능력을 주셨습니다. 만약 우리가 우리 안에 그런 치유의 능력이 주어져 있음을 알 수만 있다면 그 어떤 고통도 극복할 수 있게 됩니다. 5달러 인생으로 인생을 마감할 것이 아니라 여러분 안에서 꿈이 작동하도록 허락하십시오. 그 힘이 연약한 우리 안에서 샘솟게 할 것입니다.

고난과 대면하고 환경과 상관없이 꿈을 꾸고 이루어가는 일은 진짜 자신과 만나는 일이 됩니다. 고난의 자리가 바로 나 자신과 진실로 대면하는 축복의 자리요, 성공의 자리인 것입니다. 내 고통이 곧 내 꿈과와 성공의 자리입니다. 그러므로 고통을 피해 다닐 필요가 없습니다. 그렇게 해서 고통을 결코 떨쳐버릴 수 없다는 사실을 철저히 깨달아야 합니다.

사람들은 고통을 느낄 때 고통이 제발 떠나주기만을 바라거나 고통을 무시하고 잊어버리려 노력합니다. 마치 아무 고통이 없어 기쁜 체 행복과 즐거움에 더 초점을 맞추게 되지요. 그리고 고통으로부터 벗어나기 위해 애를 쓰게 됩니다. 그러나 고통은 여전히 거기에 있습니다.

고통을 이기는 것은 고통의 존재를 받아들이고 새로운 꿈을 향하여 나가는 것뿐입니다. 고통을 맞이하되 마치 어머니가 한없는 사랑으로 아이를 품안에 안 듯이, 너무나 보고 싶던 친구를 대하듯이, 하나님께서 우리를 대하듯이 그렇게 대해야 할 것입니다.

고통을 대할 때, 사랑과 겸손으로 진정으로 소중하게 대하게 되면 그 고통은 이제 더 이상 고통이 아니며 내 꿈과 성장을 위한 큰 축복과 감사가 될 수 있습니다.

우리는 5달러 인생이 아니라 10만달러 인생입니다. 아니 돈으로 환산할 수 없는 가치와 존귀함, 큰 꿈이 우리에게 있습니다.

우리는 5달러 인생이 아닙니다.

돈이 없지 꿈이 없는게 아닙니다. 꿈이 없으면 고통은 떠나지 않습니다.

돈이 없지 꿈이 없는게 아닙니다.

02
아주 조금 차이로 행복하다

교사가 학생들에게 만 원짜리를 보여 주며 갖고 싶은 사람은 손을 들라고 했습니다. 대부분의 학생들이 손을 들었습니다. 진짜 준다고 하자 모든 학생들이 손을 들었습니다. 만 원짜리에 분필 가루를 뿌리고 볼펜으로 낙서를 하고 나서 그래도 갖고 싶은 사람은 손을 들라고 하자 여전히 대부분 손을 들었습니다.

교사는 다시 만 원짜리를 손으로 구겨서 바닥에 버린 후 발로 밟아 납작하게 만든 후에 다시 물어보았습니다. 역시 학생들 대부분이 손을 들었습니다. 교사가 이번엔 다른 질문을 던졌습니다.

"이렇게 구겨지고 먼지 묻고 짓밟힌 걸 왜 가지려고 그래?"

학생들이 대답했습니다.

"아무리 구겨지고 더럽혀져도 만 원이잖아요!"

그 말에 교사가 대답했습니다.

"그래! 맞아! 만 원짜리가 무슨 꼴을 당해도 만원이듯 너희는 앞으로 무슨 일을 당해도 역시 사람이라는 것을 반드시 기억하도록."

구겨지고 찢어져도 만 원짜리는 여전히 만 원짜리 듯 넘어지고 실패하고 상처 입고 깨져도 사람은 여전히 사람입니다.

사람의 가치는 세상살이의 때가 조금 더 묻었는지에 대한 차이 뿐입니다.

재산이 아무리 많아도 타고난 생명의 가치에는 비교할 수 없습니다.

인생살이에서 손 털고 일어서면 누구나 본전입니다.

사람의 모양과 지식과 크기가 달라도 타고난 생명의 값보다 더 나가진 않습니다.

다홍치마가 좋기는 하지만 치마가 아니면 좋을 것도 없듯이, 사람에게 사람이라는 것보다 더 나은 가치는 없습니다.

사람으로의 기본적인 행복은 누구나 가지고 있습니다.

개 팔자가 정말 상팔자일까요?

아무 생각 없이 먹고, 자고, 뛰고, 꼬리치고, 짖다가 혼나는 것이 부럽습니까?

정말 사람들은 개로 태어나서 고민 없이 살다가 복날 가마솥으로 끌려가고 싶은 걸까요?

사람으로의 가치는 무엇과도 바꿀 수 없는 인간의 기본적인 행복입니다.

사람에게 사람이라는 것보다 더 큰 행복은 없습니다.

그 귀한 가치를 가지고 태어난 모든 인생은 행복을 안고 태어난 것입니다.

그리고 세상을 살면서 아주 작은 가치를 조금 더 늘릴 뿐입니다.

아주 조금 차이로 행복하다

아주 작은 생각의 차이, 눈에 보이지도 않고 짐작도 할 수 없는 머릿속의 차이가 성공과 실패를 결정합니다. 마음가짐 하나만으로도 존경받는 사람이 되기도 하고, 경멸의 대상이 되기도 합니다. 말 한마디로 인기를 얻기도 하고 욕을 먹기도 합니다.

단어 하나 더 아는 것으로 시험에서 합격하고, 대답 한번 잘한 것으로 승진하고, 한 발 앞서 나간 것이 1등을 만들고, 종이 한 장 차이가 장학생과 열등생을 만듭니다. 조금만 잘하면 됩니다. 너무 많이 잘하려는 생각으로 지레 겁먹지 마세요. 하나만 더 하면 되고, 한 걸음만 더 가면 됩니다. 잘 사는 것과 못 사는 건 하늘과 땅 차이가 아니라 한 걸음 차이입니다.

교육에 열성인 엄마가 말도 트이지 않은 어린 아들에게 매달 50권의 책을 사서 읽어 주었습니다. 아이가 읽은 책이 1년에 500권이 넘었습니다. 남편이 아내에게 너무 지나친 거 아니냐고 투덜거렸습니다.

"말도 못 하는 아이가 뭘 알아듣는다고? 아이가 지겨워해!"

아내가 대답했습니다.

"매일 새로운 이야기를 해 줘야 좋아 하거든!"

엄마는 목이 쉬도록 아이에게 책을 읽고, 읽고, 또 읽어 주었습니다. 쉬는 날 아침에 늦잠을 자고 있는 아빠를 깨우러 와서 아이가 이야기했습니다.

"아빠! 아침 햇살이 나뭇잎 사이로 나를 찾아왔어요, 참새도 같이 왔어요! 일어나세요!"

그 소리를 듣고 아빠가 생각했습니다.

'500권을 읽은 효과가 있구나! 이건 얘가 아니야. 완전 시인이야!'

생각지 못한 말 한마디가 행복을 줍니다. 사람은 왜 그런 말 한마디에 행복한지 알 수 없습니다. 그 한마디를 들은 거나 안 들은 거나 다를 바는 없습니다. 조금 지나면 그보다 더한 거짓말도 할 테니까요.

그러나 사람은 말 한마디에 하늘을 날 것처럼 행복하기도 하고, 죽을 것처럼 괴롭기도 합니다. 행복은 아주 작은 차이입니다.

사람으로 난 것, 그것에 비하면 살면서 우리가 행복해하는 것은 지극히 작은 것들입니다.

03
'더'라는 함정에 빠지지 말라

'더'라는 함정은 불행으로 가는 고속도로입니다.

한 번 빠지면 죽을 때까지 행복할 수 없는 비참한 인생을 살게 됩니다.

이렇게 살다가 끝나는 게 인생인가?

더 나은 게 있지 않을까?

이렇게 사는 인생에서 행복하지 않으면 저렇게 살아도 마찬가지입니다.

여기서 행복하게 사는 법을 찾아야 저기서도 행복할 수 있습니다.

'더'라는 함정에 빠지면 아무리 좋은 걸 가졌어도 즉시 불행으로 떨어집니다.

세상에서 가장 깊은 함정이 '더'라는 함정입니다. 한번 빠져들기 시작하면 망하기 전엔 절대 헤어나지 못하게 됩니다.

세상의 모든 사람들이 '조금 더'라는 생각으로 행복을 빼앗겼습니다. 이만하면 괜찮은데 더 나은 것을 위해 현재를 불행으로 인식합니다.

'더'는 누구도 헤어나올 수 없는 함정입니다. '더'라는 생각을 '이 정도면 괜찮다' '더 어려운 사람도 있다' '더 나은 미래는 현재에 아무 의미 없다' '지금 이대로 잘 사는 것이 가장 좋은 인생 비결이다'로 바꾸어야 합니다.

더 가지면 어떻게 될까요?
더 좋아지면 어떻게 됩니까?
더 커지면 뭐가 달라질까요?
더 먹고, 더 놀고, 더 쓰고, 더 쌓아서 쓰레기만 많아질 뿐입니다.
우리 주변을 보세요! 더 가진 사람들의 인생이 더 가진 만큼 의미 있는 인생을 살고 있습니까?
세상에서 욕먹는 사람들의 대부분은 더 가진 사람들, 더 잘난 사람들, 더 있는 사람들입니다.
'더'라는 함정에 빠지면 거의 욕만 더 먹을 뿐입니다.

저는 구두에 대한 행복한 추억 한 가지를 가지고 있습니다. 오래전 당시 물가로 7만 원짜리 칠성제화 구두를 청계천 벼룩시장에서 천 원에 샀습니다. 잡동사니 가운데 새 구두가 있어서 다가가는데 다른 사람이 집어 들어 살펴보고 있었습니다. 신발 주인이 그 사람에게 이천 원에 사 가라고 했습니다. 이천 원이면 누구라도 선뜻 사 갈 것이 분명했습니다.

'저 사람 횡재했군!'

좋은 물건을 한 발 늦어서 놓쳤다고 생각하고 있는데 그 사람이 구두를 내려놓으며 말했습니다.

"짝짝이네! 하나는 280, 하나는 270이야!"

주위에서 그 사람을 부러워하며 바라보던 사람들이 모두 흩어졌습니다. 사람들이 떠나간 후에 구두를 들고 바닥을 비교해 보았습니다. 하나가 큰 것이 눈에 확 들어왔습니다. 그래도 이천 원이면 싸다는 생각에 지갑을 꺼내기 위해 구두를 내려놓는 순간 노점 주인이 소리쳤습니다.

"천 원에 가져가요!"

그 말을 듣고 나는 천 원을 꺼내서 주고 구두를 사 왔습니다. 집에 와서 아내에게 이야기하니 배꼽을 잡고 웃었습니다. 사 온 사람이나 파는 사람이나 반씩 정신 나간 사람들이라고 하면서 말입니다.

신어 보니 구두는 참 편했습니다. 하나는 원래 내 사이즈 신발이고 하나는 컸지만 발은 참 편했습니다. 그 신발을 신고 수많은 사람들을 만났지만 아무도 신발이 짝짝이라는 것을 알아채지 못했습니다.

그 후로 사람들을 만나서 분위기가 무겁고 서먹할 땐 신고 온 구두를 보여 주며 사연을 이야기해 주었습니다. 그러면 모든 사람들은 구두를 살펴보며 크기가 다른 것을 발견하고는 한바탕 웃음 잔치가 벌어집니다.

수많은 구두가 나를 거쳐 갔지만 그 짝짝이 구두만큼 아름다운 추억을 만들어 준 것은 없었습니다. 더 좋은 구두, 더 비싼 구두를 신고 다니기도 했지만 내 마음 속에 남아 있는 추억의 구두는 그 천 원짜리 구두뿐입니다.

어떤 사람들은 짝짝이 구두를 신으면 발이 짝짝이가 된다고 걱정을 했지만 이미 다 큰 발이 큰 신발을 신었다고 더 커지지는 않았습니다. 그 후로 저는 딱 맞는 신발보다 한두 치수 큰 신발이 편하다는 것을 발견하고 지금까지 280mm 사이즈의 신발을 신고 다닙니다.

짝짝이 구두를 3년 넘게 신고 다녔지만 지금까지 아무 탈 없이 잘 살고 있습니다. 처음 살 때 마음에 맞지 않았을 뿐이지 신고 다니는데는 아무 지장이 없었습니다. 남 보기에도 이상할 것 하나 없었습니다. 천 원짜리 구두를 신었다고 사람 노릇 못한 것도 없고, 그렇게 생각하는 사람도 없었습니다.

소유한 것이 문제가 아니라 소유한 사람의 생각이 문제입니다. 더 좋은 것을 가져야 한다는 마음 때문에 우리는 충분히 가지고도 행복하지 않습니다. 많은 사람의 생활이 부도나는 이유는 생존 도구가 아니라 취미 도구 때문입니다.

빚으로 골프채를 사고, 진주 목걸이 사고, 밍크코트를 사면 잠깐은 행복합니다. 그리고 오랫동안 힘들게 생활합니다. 경제성장은 생필품이 아닌 기호품으로 이루어집니다. 그런 차원에서 보면 경제성장이 좋은 것만은 아닙니다. 한마디로 경제성장은 사치품을 먹고 자라납니다.

더 좋은 것, 더 큰 것을 찾다가 눈만 높아져서 만족 불감증에 걸리게 됩니다. 많은 사람들이 생각합니다.

"더 좋은 게 있을 거야!"

"이 정도는 아냐?"

"뭔가 더 있을 거야!"

그래서 불행합니다.

옵션은 끝이 없습니다. 싼 차에 고급 옵션을 달아 봐야 처절한 몸부림으로 더 초라해질 뿐입니다. 먹을 것과 입을 것이 있으면 삶은 부족하지 않습니다. 기초 소유로 만족할 수 있어야 행복한 인생을 살 수 있습니다. 적당한 거면 됩니다. 먹는 것, 입는 것엔 수준이 없습니다. 수준을 따지는 순간부터 인생은 불행으로 추락합니다.

좋은 것도 나쁜 것도 더하기를 시작하면 끝없는 유혹에 시달리게 되고, 유혹은 시험이 되고, 시험을 치면 모든 사람은 떨어지게 됩니다. '더'라는 시험에서 합격할 사람은 한 사람도 없습니다.

아무리 예뻐도 더 달라고 하면 눈총을 받게 되고, 더 먹으면 살찌게 되고, 욕심 부리면 맞게 됩니다. '더'라는 함정은 인생을 불행으로 빨아들이는 블랙홀(black hole)입니다.

> 우리가 세상에 아무것도 가지고 온 것이 없으매 또한 아무것도 가지고 가지 못하리니 우리가 먹을 것과 입을 것이 있은즉 족한 줄로 알 것이니라 (디모데전서 6:7-8)

04
행복은 난초다

행복은 난초(蘭草)다.
잘 가꾸면 빛을 발하지만
방치하면 시들어서 죽는다.
행복은 새싹이다.
잘 보살피면 크게 자라지만
방치하면 점점 시들어서 불행이 된다.

행복은 감나무 위에 매달렸다.
떨어지길 기다리면 깨지고 상한 것만 얻게 된다.
잘 익은 감이 입으로 떨어지는 일은 평생 한 번도 없다.
고개를 들고 좋은 걸 골라서 따야 한다.
행복할 만한 일을 자꾸 하다 보면 행복해진다.

사람들은 불행할 일만 골라 하면서 불행하다고 한다.

많이 먹고, 마시고, 놀고, 소리치고, 싸우면서 힘들어한다.
밤새도록 죽을 힘을 다 해 놀고 아침엔 힘들어 죽겠다고 한다.
행복하고 싶으면 적게 먹고, 노는 대신 일하고, 싸우지 않아야 한다.
아침에 행복하려면 저녁에 적당히 먹고 일찍 들어와서 자야 한다.
마약을 먹으면서 3박 4일 동안 잠도 안자고 미친 듯이 춤추고 논다.
그리고 일주일, 한 달, 아니 평생을 졸린 눈으로 괴로워한다.

작은 행복이라도 가꾸고 키우면 크고 빛나는 행복이 된다.
불행도 보살피면 행복이 되고, 행복도 방치하면 불행이 된다.

공부를 잘하는 학생은 복습을 잘한다.
인생도 잘 살기 위해서는 복습을 해야 한다.
틀렸으면 고치고, 실수했으면 정신 차리고,
모르면 배우고, 못난 것은 버려야 한다.
복습하지 않으면 1등 할 수 없고,
복습하지 않으면 행복할 수 없다.
잘한 것은 간직하고 못한 것을 고치면 누구라도 행복하다.
고치는 즐거움이 얼마나 재미있는가?
물건을 고치고 틀린 것만 고쳐도 행복한데
사람을 고치고 인생을 고치면 얼마나 더 좋을까?
고치는 것은 참 좋은 일입니다. 남들이 버린 것을 가져다 고쳐서 잘 쓸 수 있으면 공짜로 쓸 만한 물건을 얻어서 좋고, 세상을 더럽히는 쓰레기를 줄여서 좋고, 남들이 할 수 없는 것을 할 능력이 있어서 좋고, 대단한 사람이라는 칭찬을 들어서 좋습니다.

버릴 때가 안 된 가스렌지가 버려진 것을 발견해서 집으로 가져왔습니다. 못 쓸 걸 왜 가져왔냐고 잔소리를 들었지만 고칠 수 있을 것 같았습니다. 연결해서 틀어 보니 파랗게 피어올라야 할 불꽃이 그을음과 함께 붉게 타올랐습니다.

고장 난 가스렌지의 대부분은 공기 조절이 문제입니다. 먼지와 기름때가 공기 유입을 막으면 불꽃에 문제가 생깁니다. 또는 그 반대일 경우도 있습니다. 렌지 뚜껑을 열고 공기 유입구의 기름때를 닦으니 파란 불꽃이 올라왔습니다. 기분이 얼마나 좋은지! 온 가족이 박수를 치며 대단하다고 난리법석을 피웠습니다. 주위에 가스렌지 없는 사람 쓰게 주라고 하니 가족들은 남 주기 아깝다고 하였습니다.

고장 난 것은 원리를 알면 고칠 수 있습니다. 원리를 안다는 것이 사는 것을 참 행복하게 합니다. 더러운 것을 닦으면 깨끗해집니다. 못 쓰는 것을 고치면 쓸 만한 것이 됩니다. 녹슨 칼도 갈면 새 칼이 됩니다.

콩 심으면 콩 나고 팥 심으면 팥 납니다.
화를 심으면 화를 당합니다.
욕을 심으면 욕먹게 됩니다.
까불면 맞습니다.

행복은 감나무 위에 매달렸다.

떨어지길 기다리면 깨지고 상한 것만 얻게 된다.

혼자 먹으면 살찌고,
나눠 먹으면 살 빠지고 즐겁습니다.
혼자 다 먹으면서 다이어트한다고요?
살이 빠지기는커녕 온갖 성인병에 시달리게 됩니다.
몸을 위해 좋은 걸 먹고, 적당히 먹고, 나눠 먹어야 하듯
인생을 위해서도 좋은 걸 심어야 합니다.
땅도 인생도 무엇을 심던 그대로 거둡니다.

> 사람이 무엇으로 심든지 그대로 거두리라 자기의 육체를 위하여 심는 자는 육체로부터 썩어질 것을 거두고 성령을 위하여 심는 자는 성령으로부터 영생을 거두리라 포기하지 아니하면 우리가 선을 행하되 낙심하지 말지니 때가 이르매 거두리라 (갈라디아서 6:7-9)

노처녀 한 분이 가족들의 결혼 협박에서 벗어나는 비결을 알려 주었습니다. 노처녀가 친척의 결혼식에 참여하면 고모나 이모, 삼촌들이나 친척 어른들이 다가와서 노처녀의 옆구리를 쿡쿡 찌르며 약을 올립니다.

"다음엔 네 차례지! 부모 애간장 태우지 말고 적당한 놈 만나면 바로 가라! 히히히!"

사촌들의 결혼식이 있을 때마다 똑같은 놀림을 받던 노처녀가 한 번은 장례식장에 참석한 고모와 삼촌, 친척들을 만나서 옆구리를 쿡쿡 찌르며 자기가 들었던 말을 똑같이 해 주었습니다.

"삼촌! 다음엔 삼촌 차례죠? 여러 사람 힘들게 하지 말고 빨리 가요! 히히히!"

"고모! 다음엔 고모 차례죠? 자식들 괴롭히지 말고 빨리 가요! 히히히!"

"이모! 다음엔 이모 차례인 거 알죠? 나 좀 그만 놀리고 빨리 좀 가요! 히히히!"

그 후로 그녀는 친척들의 괴롭힘에서 벗어날 수 있었습니다.

많은 사람들이 이야기합니다.
"억울해요! 내가 왜 이런 일을 당해야 해요?"
그렇게 억울해 할 필요 없습니다.
사람은 누구나 자기가 당한 일보다 더 많이 남을 괴롭히며 살고 있습니다.
한 번도 남을 억울하게 하지 않은 사람은 없습니다.
우리 모두는 나도 모르게 남에게 피해를 입히며 살고 있습니다.
남들이 나 때문에 입는 피해가 얼마나 큰지 나만 모르고 있을 뿐입니다.
인생 앞에서 만큼은 진실하세요!
정직하고, 꾸미지 말고, 숨기지도 말고, 자신을 속이지도 마세요.
오늘은 어제 내가 심은 것을 거두고 있는 중입니다.
내가 무엇을 심던 심은 대로 거두게 됩니다.
난초를 돌보듯 자기 인생을 돌보면 행복합니다.

05
위기를 극복하면 행복하다

믿거나 말거나에 소개될 만한 이야기입니다.

월남전에서 좁은 길을 달리던 미군 지프 한 대가 전방에서 달려오는 베트콩(Viet Cong)을 만났습니다. 무기를 가지고 있지 않던 병사들은 차를 돌려 본부로 도망가야 했습니다. 하지만 길이 너무 좁아서 차를 돌릴 수 없었습니다.

일단 차를 세운 네 명의 병사들은 누구랄 것도 없이 동시에 뛰어내리더니 지프차를 손으로 들어서 돌렸습니다. 그리고는 총을 쏘며 달려오는 베트콩을 뒤로 하고 본부로 도망쳤습니다.

무사히 부대로 돌아온 병사들은 자신들이 지프를 들어서 돌렸다는 것이 믿어지지가 않았습니다. 자신들이 겪은 일을 동료들에게 이야기했습니다. 하지만 동료들은 그들의 이야기를 믿지 않았습니다. 일부는 거짓말이라고 했고, 어떤 사람들은 집단 착각이라고 이야기했습니다.

자신들의 이야기가 사실이라고 말해도 믿는 사람이 없자 네 명의 병사들은 자신들의 말이 거짓이 아니라는 것을 보여 주겠다며 사람들을 지프 앞으로 데리고 갔습니다. 그리고 조금 전에 했던 것과 같이 차를 들기 위해 젖 먹던 힘까지 다 썼지만 차는 꿈적도 하지 않았습니다.

그들이 가던 길은 분명 도중에 차를 돌릴 수 없는 길이었습니다. 하지만 네 명의 병사들은 중간에 차를 돌려서 돌아왔습니다. 월남전에 참여했던 사람들 사이에서 그들이 어떻게 돌아왔는지는 아무도 납득할 수 없는 미스터리로 남게 되었습니다.

고속도로에서 사고로 트럭이 넘어졌습니다. 사람들이 달려와서 보니 찌그러진 문짝과 의자 사이에 운전사의 허리가 끼어서 꼼짝도 못하는 상황이었습니다. 연료통에서는 기름이 흐르고 있었고, 충돌로 일어난 불길은 연료통 쪽으로 옮겨가고 있었습니다.

그대로 두면 구조대가 도착하기 전에 운전기사는 불길에 휩싸이고 말 것 같았습니다. 어떻게든 운전기사를 차에서 꺼내야 했지만 아무도 손을 쓸 수 없었습니다. 찌그러져 사람을 누르고 있는 강철문은 절단 도구가 있어야 열 수 있었습니다.

많은 사람들이 모여서 운전사의 얼굴 쪽으로 번져가는 불길에 비명을 지르고 있는 순간 건장한 흑인 한 명이 사람들 사이를 헤치고 앞으로 나섰습니다. 눈에서 불꽃이 일어날 만큼 비장한 표정을 한 그는 운전석 쪽으로 다가가더니 맨 손으로 강철문을 뜯어내기 시작했습니다.

마치 두꺼운 종이를 찌그러트리듯 앞뒤로 흔들고 접었다 폈다를 반복하더니 기사를 누르고 있던 부분을 잘라냈습니다. 유압기처럼 날카로운 철판을 손으로 누르고 찌그러트렸습니다. 그리고는 마침내 운전석에 끼어서 죽을 수밖에 없던 운전기사를 안전하게 꺼냈습니다. 그리고는 아무런 말도 없이 유유히 도로를 가로질러 왔던 길로 돌아가 버렸습니다.

잠시 후 구조대가 도착해서 상황을 파악하기 위해 사람들에게 어떻게 된 일인지를 물었습니다.

"맨 손으로 문짝을 종이처럼 뜯어냈어요!"
"힘이 얼마나 센지 마치 헐크 같았어요!"
"그 사람 아니었으면 운전기사는 죽었을 거예요!"
"그 사람 손은 철판보다 단단했어요!"

도무지 이해할 수 없는 말들이 계속되자 구조대원이 불타는 트럭에서 살아 나온 기사에게 어떻게 된 건지를 물었습니다.

"솔직히 그 남자가 더 무서웠어요! 부드러운 사람의 손이 철판을 찢어내다니! 그 순간에도 제가 생각한 건 저 손에 한 방 맞으면 바로 천국 가겠구나 했다니까요!"

사건의 보고서에는 사람들의 증언과 확인되지 않은 초인적 인물, 운전기사의 황당한 이야기가 기록되었고, 집단 착각 상태에 빠진 것 같다는 내용이 적혀 있습니다.

비슷한 내용이 한 가지 더 있습니다. 남편이 출장간 사이 아이들과 엄마가 잠을 자던 집에 불이 났습니다. 불이 난 것을 발견한 동네 사람들이 달려와 물을 길어다가 뿌렸습니다. 하지만 불길은 점점 거세졌고, 사람들은 불을 끄기 보다 집 안에 있는 사람들을 구해야 한다고 소리쳤습니다. 아직까지 집 밖으로 나오지 않은 것을 보면 자고 있는 것이 분명하다며 누군가 들어가서 깨워서 데리고 나와야 한다고 했습니다. 하지만 막상 나서는 사람은 없었습니다. 어떻게 해야 할지 몰라 우왕좌왕 하고 있는데 어른의 어깨 정도 높이의 담을 누군가 넘어오고 있었습니다.

안에서 잠을 자는 줄 알았던 엄마가 아이들을 데리고 담을 넘고 있는 것이었습니다. 풀어 헤쳐진 머리를 한 엄마의 등에는 갓난아이가 업혀 있었고, 한 손에는 큰 아이를 붙들고 있었으며 다른 손에는 얼마 전에 새로 구입한 텔레비전이 보자기에 싸여서 들려 있었습니다.

그렇게 담을 넘어오는 엄마를 보며 사람들은 입을 다물지 못했습니다. 평소에는 시장바구니도 무거워서 바퀴 달린 것을 끌고 다니는 사람이 자기 집에 불이 나자 집에서 가장 소중한 것들을 들고 담을 넘어서 나오고 있었습니다.

"저 사람이여 귀신이여?"

"세상에 이게 웬 일이야!"

"천하장사가 따로 없네! 그려!"

그렇게 혼신의 힘을 다해 아이들과 텔레비전을 구한 엄마는 담을 넘어 안전한 곳에 이르자 온몸에 기운이 빠지며 그 자리에 쓰러져 기절하고 말았습니다. 놀라운 엄마의 이야기는 사람들의 입을 통해 전설로 남았습니다.

인생을 살다 보면 사람은 누구나 위기를 당합니다. 위기는 모든 사람에게 다가옵니다. 그러한 위기는 잘 지나가면 행복이 되지만 위기에 걸려서 넘어지면 불행이 됩니다. 그러므로 위기가 오면 조심해서 잘 지나가야 합니다. 위기의 때에는 함부로 말하거나 행동하면 안 됩니다. 넘어지더라도 빨리 일어나야 합니다. 위기 없는 인생이란 없습니다. 위기를 어떻게 넘기느냐만 있을 뿐입니다.

쉽기만 한 인생도 없습니다. 위기를 넘기는 기술이 인생을 사는 기술입니다. 위기의 순간에 살려고 발버둥치다 보면 상상할 수도 없는 일을 하게 됩니다. 자신에게 없던 능력이 솟아나기도 합니다. 하지만 아무것도 하지 않으면 아무런 길도 열리지 않습니다. 발버둥 쳐야 길이 열립니다. 가만히 있으면 모든 길이 막혀서 오도 가도 못하게 됩니다.

위기를 넘기면 행복한 추억이 됩니다. 넘기지 못한 위기는 일생의 아픔과 고통이 됩니다. 그러므로 위기가 다가오는 느낌이 들면 각별히 정신을 차려야 합니다. 오늘 하루만 살고 말 것이 아니라면 위기가 지나기를 인내하며 기다려야 합니다.

나중에는 위기의 오늘이 행복이 될 것입니다. 오늘은 많은 날 중에 하나입니다. 지금의 위기는 여러 위기 중에 하나입니다. 오늘을 잘 넘기고 이번 위기를 극복하면 행복하고 즐거운 날이 다가옵니다. 위기 앞에서 주저앉으면 남는 건 불행뿐입니다. 잘나고 대단한 것 없이 그저 뜬금없이 다가오는 인생의 위기만 잘 넘겨도 인생은 행복할 수 있습니다.

06
마음을 채우면 인생이 행복하다

―✦―

자살의 골짜기라고 불리는 곳이 있었습니다. 처음 한 사람이 그곳에서 뛰어내린 후 종종 사람들이 찾아와서 뛰어내렸습니다. 그곳을 찾는 사람들이 점점 늘어나자 누군가 자살을 막기 위한 푯말을 만들어 놓았습니다.

"다시 한 번 생각해 봅시다."

그 후 그 곳을 찾은 젊은 남녀가 함께 자살하려다가 푯말에 적힌 글을 보고, 다시 생각하고는 죽지 않고 돌아갔습니다. 키 작은 사람이 모자를 푹 눌러쓰고 그곳에 이르러 역시 푯말을 보게 되었습니다. 다시 생각해 보라는 말을 읽고 그는 곰곰이 자신의 고달픈 삶을 되새겼습니다. 키 작고 못생기고, 못나고 잘하는 것도 없고, 잘 풀리는 일도 없었습니다. 아무리 생각해도 자신은 쓸모없는 인간이라는 생각이 들었습니다. 그는 자신의 결론을 푯말에 기록하고는 자살하고 말았습니다.

"다시 생각해 봐도 달라질 것은 없다!"

마음을 채우면 인생이 행복하다

사람은 생각에 의해 죽고 사는 존재입니다. 그러므로 죽고 사는 것은 마음에 달렸습니다. 잘하고 못 하는 것도 마음에 달렸고, 행복하고 불행한 것도 마음에 달렸습니다. 어떤 사람은 적은 것으로도 행복하고 어떤 사람은 많은 것으로도 불행합니다. 똑같은 만 원을 가졌어도 기분 좋은 사람이 있고, 슬픈 사람이 있습니다. 그 차이는 마음의 차이입니다.

마음에 무엇이 들었는가에 의해 운명이 결정됩니다. 살 생각이 들었으면 살고 죽을 생각이 들었으면 죽습니다. 아무리 생각해도 답이 없으면 답을 얻을 지식이 부족하기 때문입니다. 그럴 때는 도움을 구해야 합니다. 내 마음보다 큰 마음을 가진 사람의 도움을 받으면 답을 얻게 됩니다.

다시 생각 하되 전혀 다르게 생각해야 합니다. 지금까지 해 오던 방식대로 생각하면 똑같은 결론에 이르게 됩니다. 혼자 고민했다면 함께 고민할 대상을 찾아야 하고, 억울한 것에만 매달렸다면 나보다 더 억울한 사람을 만나봐야 합니다.

한 방향에서만 바라보지 말고 전후좌우 아래위에서 바라보고 생각해야 합니다. 나만 생각했다면 남을 생각해야 합니다. 높은 곳만 바라봤다면 고개를 숙여서 아래를 볼 수 있어야 합니다. 보는 방향만 달라져도 인생은 한순간에 달라질 수 있고, 생각도 달라집니다.

아무리 생각해도 달라질 게 없는 것은 내 마음에 든 것이 별로 없기 때문입니다. 마음이 공허하면 죽을 때까지 생각해도 별다른 생각은 떠오르지 않습니다. 세상에 있는 모든 것은 달라질 수 있습니다. 아무리 사면초가(四面楚歌) 인생일지라도 달라질 수 있습니다. 다만 생각을 변화시킬 지식이 부족하고 다양한 측면에서 바라볼 수 있는 시각이 없기 때문입니다.

> 지혜를 얻으며 명철을 얻으라 내 입의 말을 잊지 말며 어기지 말라 지혜를 버리지 말라 그가 너를 보호하리라 그를 사랑하라 그가 너를 지키리라 지혜가 제일이니 지혜를 얻으라 네가 얻은 모든 것을 가지고 명철을 얻을지니라 (잠언 4:5-7)

지혜의 왕 솔로몬이 자신의 시대의 청춘들에게 한 말입니다. 솔로몬은 사람에게 가장 필요한 것을 지혜와 명철이라고 단언하고 있습니다. 인생을 재물과 명예로 채우지 말고 생각으로 채워야 합니다. 생각이 잘못되면 산더미 같은 금덩이를 물려받아도 하루아침에 빚쟁이가 될 수 있습니다.

어떻게 살아야 할지를 모르는 사람이 고위직에 임명되면 부조리와 부정부패가 만연하게 됩니다. 그런 이유로 "인사(人事)가 만사(萬事)다"라는 말이 쓰이고 있는 것입니다. 빈 마음에 대한 간단한 글 하나입니다.

마음에 든 게 없으면 삶이 공허하다.
삶이 공허하면 인생에 찬바람이 불고,
바람이 불면 빈 마음에 바람이 든다.

마음에 바람이 들면 정처 없이 세상을 떠돌게 되고,
바람 든 무처럼 인생은 맛도 없고 쓸모도 없다.

배를 채우고, 집을 채우고 가방을 채우고, 욕심과 야망을 채우기 전에 마음을 채우는 것이 더 중요합니다. 마음이 채워져야 인생이 풍성해집니다. 무엇으로 마음을 채울 수 있을까요? 마음은 영혼의 속성을 가지고 있어서 물질로 채워지지 않습니다. 마음은 지식과 깨우침과 진리로 채워집니다.

마음은 보이지 않으므로 보이지 않는 것, 가치관과 윤리와 도덕, 세상사에 대한 인식으로 채워야 합니다. 눈에 보이는 물질은 마음을 채우는 것이 아니라 얇은 주머니와 빈 배와 한가한 시간을 채울 뿐입니다.

그런 것으로는 마음이 채워지지 않기에 인생은 배부른 후에 다시 공허하고 성공한 후에도 불안하고, 온 집안을 보석으로 가득 채우고 실컷 먹고 놀고 마신 후에도 허무함이 몰려옵니다.

마음은 비워지는 것도 아닙니다. 채워야 합니다. 우리가 흔히 사용하는 마음을 비운다는 말은 사실 채운다는 의미입니다. 물 잔을 비우면 빈 잔이 될 뿐입니다. 우유를 채워야 우유 잔이 되고 주스를 채워야 주스 잔이 됩니다. 마찬가지로 마음을 그저 비우려고 하면 절대 비워지지 않습니다. 더 나은 것으로 채울 때만 마음은 달라질 수 있습니다.

날마다 좋은 생각을 채워야 나쁜 생각이 마음 밖으로 밀려나게 됩니다. 나쁜 생각을 하지 않으려고 애 쓰지 말고 좋은 생각을 채워 보세요! 그렇게도 사라지지 않던 기분 나쁜 기억들이 멀리 사라진 것을 발견하게 될 것입니다.

새것이 들어가면 이전 것은 밀려나납니다. 나쁜 것을 채우면 좋은 것이 밀려나고, 좋은 것을 채우면 나쁜 것이 밀려납니다. 사람은 세상을 사는 동안 끝없이 자기 마음을 채워야 합니다. 더 나은 것을 소유하기보다 더 나은 생각을 가져야 합니다.

괴로운 마음에는 탄식 대신 감탄이 필요합니다. 상한 마음엔 신선한 것이 필요하고, 기분이 나쁠 땐 상쾌한 일을 해야 하고, 쓰러진 마음은 일으켜 세워야 합니다. 넘어진 채 울고 있으면 안 됩니다. 옹졸한 마음은 확장공사를 해서 대로를 만들어야 하고 혼란한 마음은 질서를 잡아야 합니다.

죄수들은 감옥에서 세상과 단절된 생활을 합니다. 수도사들도 산 속 수도원에서 세상과 담을 쌓고 생활합니다. 둘 다 사람을 만나지 못해서 외롭고 힘들게 생활합니다. 하지만 죄수와 수도사는 같지 않습니다.

죄수는 자신의 처지를 불평하고, 자신을 가둔 사람들을 원망하거나 세상을 저주합니다. 끼니를 한 끼라도 거르면 난리 법석을 피웁니다. 반면에 수도사들은 자신들의 삶을 순순히 받아들입니다. 고독을 이기기 위해 정신을 수양하고, 진리를 깨우치기 위해 스스로 밥을 굶기도 합니다. 삶의 환경이 척박하고 힘들어도 오히려 기쁨과 감사로 하루를 보냅니다.

감옥의 죄수가 수도사와 같은 마음을 먹는다면 감옥은 수도원이 될 것입니다. 수도사가 불평하며 죄수와 같은 마음을 품으면 수도원은 감옥과 다를 바가 없을 것입니다. 행복은 사람의 밖이 아닌 사람 안에 있습니다. 생각의 차이가 행복과 불행을 결정합니다. 삶은 감옥이 아니라 수도원입니다. 어떤 마음을 가졌는가에 따라 인생은 전혀 다른 상황으로 인식됩니다.

07
전혀 다른 곳에 행복이 있다

※

　대학을 졸업하고도 취업이 안 된 취업재수생이 작성된 이력서와 자기 소개서를 복사하기 위해 문구점을 찾았습니다. 문구점에는 단정한 아가씨가 손님을 맞이하고 있었습니다. 말을 걸어보고 싶었지만 이력서를 보고 취업을 준비하는 사람이라는 것을 알아챘을 것이기에 그냥 돌아왔습니다.
　다른 회사에 지원하기 위해 다시 문구점을 찾아가며 이번엔 점원 아가씨가 자신의 장점을 볼 수 있도록 자기소개란을 최대한 부각시켰습니다. 높은 영어 점수와 성적, 다양한 스펙과 증명서, 원만한 성격과 업무 처리능력 등, 대강 훑어 봐도 호감이 갈 만한 내용들로 이력서를 채웠습니다.
　하지만 그의 기대와는 다르게 아가씨는 이력서를 살펴보지도 않고 복사만 해서 건네주었습니다. 혹시나? 하고 기대했던 취업 준비생은 역시 말 한마디 못 붙이고 돌아섰습니다. 그 후로 계속 새로운 이력서를 만들 때마다 그는 아가씨가 주의 깊게 봐 주길 고

대했지만 한순간도 눈길을 주지 않고 복사만 해서 바로 건네주었습니다.

몇 달이 지나서 다시 문구점을 찾은 취업 준비생이 복사할 서류를 내밀자 아가씨가 대뜸 말을 걸었습니다.

"영어 실력이 좋으신가 봐요?"

"네? 저를 어떻게 아세요?"

"벌써 몇 번을 복사하는데 그걸 모르겠어요! 그런데 아직도 취업이 안 되셨어요?"

"그러게요! 그 정도로는 안 되나봐요!"

"토익 점수가 800점이 넘으셨던 것 같았는데?"

이야기가 시작되자 기회를 놓칠 새라 청년이 선뜻 마음에 있는 이야기를 꺼냈습니다.

"오늘 일 마치고 저녁이라도 같이 하실래요?"

"그래요!"

의외로 너무 쉽게 대답이 돌아왔습니다. 그렇게 두 사람의 관계가 시작되었고, 취업 준비생은 직장을 얻기 전에 먼저 배우자를 얻게 되었습니다. 문구점 아가씨는 무심한 척 청년의 이력서를 복사해서 돌려주었지만 실은 두 부를 복사해서 청년이 나간 후에 꼼꼼히 살펴보고 있었습니다.

청년은 자신의 행복이 취업에 있다고 생각했지만 그보다 더 큰 행복을 문구점에서 만났습니다. 문구점은 그가 취업을 위해 아무 의미를 두지 않은 곳이었습니다. 하지만 그는 평생 함께할 배우자를 바로 예상치도 못한 곳에서 만났습니다. 그의 행복은 자기 생각이나 뜻이 펼쳐지는 곳이 아닌 스쳐 지나가는 곳에 있었습니다. 취업 불황이 그의 인생엔 행복이 시작되는 것이었습니다.

　마음에 드는 사람을 만나서 가정을 이루기까지 얼마나 어렵습니까? 그 과정이 얼마나 힘든지 완벽한 조건을 가진 사람들도 중도에 포기하는 경우가 허다합니다. 그런데 직업도 없는 사람이 마음에 쏙 드는 여자를 생각지도 않은 곳에서 만났습니다.
　자기의 계획대로 되면 행복할 것 같지만 오히려 계획이 무너질 때 행복할 수도 있습니다. 많은 경우가 자신이 계획한 곳이 아닌 전혀 다른 곳에서 행복을 얻게 됩니다. 그러므로 마음대로 되는 것이 다 좋은 것이 아니고, 마음대로 안 되는 것이 다 나쁜 것은 아닙니다. 내가 생각지 못하고 인식하지 못한 것이 오히려 더 나은 결과를 줄 수 있기 때문입니다.
　사람의 생각은 우주의 지극히 작은 한 부분입니다. 내가 생각하는 것과 보고 듣는 것 역시 대자연의 아주 작은 일부에 속합니다. 그런데 우리는 그 작은 틀로 온 세상을 결정지으려 합니다. 인생이 맘대로 안 되도 안달할 필요 없습니다. 전혀 다른 행복이 맘대로 안 되는 것을 통해 이루어집니다.

　인생에서 일어나는 모든 일에는 내가 알지 못하는 행복이 숨겨져 있습니다. 지금 나는 그것을 인식하지 못하지만 때가 되면 숨겨진 의미가 나타나고 이해하게 될 것입니다. 때는 내 맘대로 오지 않습니다. 자연의 순리를 따라 옵니다. 기다리면 그 때를 발견

고통을 이기는 것은
고통의 존재를 받아들이고
새로운 꿈을 향하여 나아가는 것뿐입니다.

하고 깨닫게 됩니다. 세상의 모든 곳에 인생의 기쁨이 숨겨져 있습니다. 지금의 내가 보고 듣고 이해하지 못할 뿐입니다.

세상일을 사람이 전부 인식할 수는 없습니다. 사람이 보고 들을 수 있는 것은 눈과 귀의 능력만큼이 전부입니다. 눈에 들어오는 것과 귀에 들려오는 것만 인식 가능합니다. 너무 밝은 빛은 오히려 사물을 볼 수 없게 합니다. 어둠 속에서도 사물을 볼 수 없습니다. 너무 작은 소리와 너무 큰 소리도 들을 수 없습니다.

하지만 내가 듣지 못하고 볼 수 없다고 존재하지 않는 것이 아닙니다. 존재하고 있지만 내가 인식하지 못하고 있을 뿐입니다. 과연 내가 세상 사는 동안 인식할 수 있는 것은 얼마나 될까요? 아는 것보다 모르는 것이 많고, 볼 수 없고 들을 수 없는 것이 많습니다.

그렇다면 내가 알지 못하는 행복도 세상엔 아주 많을 것입니다. 오른쪽엔 오른쪽의 행복이, 왼쪽엔 왼쪽의 행복이 있습니다. 동서남북 어디든 행복은 있습니다. 반드시 오른쪽으로 가야 행복한 것이 아니고, 위로만 가야 행복한 것도 아닙니다. 옆으로 가도 뒤로 가도 역시 그곳에도 행복이 있습니다.

어른의 생각을 아이들이 이해하지 못하듯, 우주의 생각은 사람이 이해할 수 없습니다. 아이들이 부모의 말을 믿고 따르면 잘 자라듯, 우주의 순리를 따르는 것이 잘 사는 비결입니다. 아이들은 부모 말을 안 듣고 남의 말은 잘 듣습니다. 그래서 사고 치고 망치게 됩니다.

깊은 생각은 그 깊이를 알기 전엔 이해할 수 없습니다.
사람은 세상의 깊이를 다 이해할 수 없습니다.
그래서 세상의 이치를 다 알지 못하고 인생을 마치게 됩니다.
인생의 행복은 내가 생각하는 곳에만 있지 않습니다.
내가 가려고 하는 곳에만 있지도 않습니다.
내가 하려는 것에만 있지도 않습니다.
전혀 다른 곳에, 내가 알지도 못한 것을 통해
인생의 행복을 얻을지도 모를 일입니다.
그러니 울화통이 터지는 상황에 던져져도
일의 결국이 어떻게 되는지,
인생의 끝이 어떻게 되는지
기다려 봐야 하지 않겠습니까?

08
배고픔이 삶의 원동력이다

사람에게 배고픔이 없다면?
인류는 아무것도 이루지 못했을 것입니다.
사자가 사냥하는 이유는 배고픔 때문이고,
새가 일찍 일어나는 것도 배고픔 때문이고,
물고기가 헤엄치는 것도 배고픔 때문입니다.
사람도 배고픔이 없으면 아무것도 하지 않을 것입니다.
갈등이 없으면 성숙도 없고,
문제가 없으면 답도 없고,
외로움이 없으면 친구도 없습니다.

무언가 있기 위해서는 전제하는 것이 있어야 합니다.
인간의 성실함을 전제하는 것은 배고픔입니다.
배고픔이 없는 인생은 아무것도 이룰 게 없는
무료한 인생이 됩니다.

부족함을 느끼는 순간 열정에 불타오르게 됩니다.
배고픈 사람은 일에 빠지고 배부른 사람은 노름에 빠집니다.
배고픈 사람은 겸손하고 배부른 사람은 거만합니다.
부자가 되기 위해 불행하고,
부자로 살기 위해 불행하고,
부자인척 하기 위해 불행하고,
부자라서 불행합니다.
물질의 특성 중 하나는 인간성을 잃어버리게 하는 것입니다.
모든 싸움이 물질로 인해 발생합니다.
아무것도 없으면 싸우지도 않습니다.

요즘은 배고픔을 즐기는 사람들이 있습니다.
아름다운 몸매를 위해 먹지 않고,
건강을 위해 먹지 않는 사람들이 있습니다.
삶을 위해서도 작은 것을 소유하는 것이 좋습니다.
큰 냉장고보다 작은 냉장고가 더 좋습니다.
큰 집보다 작은 집이 더 좋습니다.
물질보다 마음을 추구하는 것이 행복으로 가는 길입니다.
물질은 숭고한 인간 정신을 물질 수준으로 추락시킵니다.
부자는 가진 것만큼 정신을 가다듬지 않으면 속물이 됩니다.
너무 많은 것을 가지면 생을 돌아볼 여유를 잃게 됩니다.
음식을 다이어트하면 몸매가 가쁜해지듯,
소유를 다이어트하면 삶이 가쁜해집니다.

인생 다이어트가 불행을 떠나보냅니다.
가뿐한 몸이 행복하듯 가뿐한 삶이 행복합니다.
많은 사람들이 부자로 살기 위해 불행합니다.
배고픈 사람은 할 일이 많습니다.
배부른 사람은 할 일도 할 수 없게 됩니다.

09
우리는 없는 것보다 있는 것이 많다

우리는 있는 것을 생각하지 않고
없는 것을 생각하기에 무엇을 가졌는지 잊고 있습니다.
가난한 시절에는 하루 세 끼를 먹을 수 없었습니다.
한 끼, 두 끼를 먹으며 잘 먹어 보려고 버둥거리다가
세 끼에 간식과 커피 음료를 즐기게 되더니
밥 한 그릇에 감사하던 시절을 잊어버렸습니다.

백과사전 하나만 있으면 갑부였던 시절이 있었는데
지금은 세상 모든 정보가 손바닥에 있습니다.
장난감 하나가 소원이던 시절이 있었는데
신기한 물건이 차고 넘치는 시대가 되었습니다.
지식이 흘러 넘쳐서 하수구로 처박히고,
음식이 남아돌아 온 천지가 쓰레기통이 되고,
돈이 너무 많아 애들이 수표 들고 가게로 갑니다.

몰라서 답답하던 시절은 지나갔습니다.
답답한 건 게으르기 때문입니다.
바른말 한마디에 감옥 가던 시절이 있었는데
거짓말하고, 욕하는 놈도 발 뻗고 자는 세상이 되었습니다.
얼마나 더 가져야 불평하지 않을까요?
얼마나 더 완벽해야 살 만하단 말을 할까요?
왜 우리는 있는 것보다 없는 것에 매달릴까요?

10
날파리는 사자가 두렵지 않다

하찮은 날파리라고 조롱하지만
너는 파리처럼 사자 콧등에 앉아 보았는가?
운명이 한낱 파리 목숨일지라도
악어도 무섭지 않고, 하마도 두렵지 않다.
파리의 날갯짓이 맹수 앞에서도 당당하고
두려움 앞에서도 거침없는 이유는 작기 때문이다.
작기에 무서울 것 없고,
파리 목숨이기에 아쉬울 것도 없다.
작다고 함부로 떠들지 말라.
날파리는 사자도 호랑이도 어쩔 수 없는 천하무적이다.
작아서 거칠 것이 없으니
어중간해서 두려움에 떨지 말고
차라리 날파리가 돼서 거침없이 사는 것이 낫지 않을까?
비록 작아도 자기 생명을 충분히 누리며 산다.

사자의 발톱 사이로 빠져나갈 만큼 작아서
날파리는 잡히지 않고,
이빨에 물리지 않을 만큼 날렵해서 먹히지 않는다.
사냥감이 되지 못할 만큼 초라해서 두려울 것이 없다.
파리채만 아니면 날파리를 막을 것은 없다.
어중간히 크면 사냥감이 될 뿐이다.
봐줄 만큼 크면 두려운 게 많다.
차라리 작아서 거침없이 사는 것이 낫다.

임금님 귀는 당나귀 귀
작은 아이는 진실을 말할 특권을 가지고 있다.
제 역할 못할 만큼 큰 것보단
작아도 제 역할 하는 것이 낫다.
작은 건 작아야 세상이 굴러간다.
너무 커서 아무 말 못하고
큰 덩치로 아무 일 못하는 것보다
차라리 작아서 할 말 다 하고
할 일 하고 사는 것이 낫다.

사자 콧등에 앉아 보았는가?

너는 파리처럼

하찮은 날파리라고 조롱하지만

11
너무 많은 것을 감당할 사람은 없다

필요 이상으로 소유하는 것은
누구에게나 짐이 됩니다.
많으면 좋을 것 같지만
부족한 것만 못합니다.
가진 것이 부족할 땐 성품이 넉넉하고
가진 것이 많아지면 성품이 부족하게 됩니다.
필요한 만큼 있는 것이 가장 좋고,
약간 부족한 것이 그다음으로 좋고,
약간 많은 것이 그다음이고,
너무 많은 것과 너무 적은 것은 다 좋지 않습니다.

가능하다면 약간 부족한 것을 즐기는 것이 좋습니다.
너무 많은 것을 감당할 수 있는 사람은 없습니다.
현대 사회가 인간성을 상실해 가는 이유는

필요 이상으로 가진 것들을 조절하지 못하기 때문입니다.
비만도가 점점 높아지는 이유는
먹을 것을 너무 많이 가졌기 때문이고,
부요하지만 불행한 이유도
소유의 행복을 넘어서
불행할 만큼 많이 가졌기 때문입니다.

너무 많은 것은 사람이 조절할 수 없습니다.
너무 많은 것에 떠밀리면
목사님도 신부님도 스님도 타락합니다.
많은 돈은 모든 사람을 타락시킵니다.
거룩한 일을 수행하는 사람들조차
너무 많은 돈 때문에 본질을 잃어버립니다.
가난한 종교인은 사명에 매달리지만
가진 게 많아지면 사명이 아닌 돈으로 일하게 되고,
신앙이 아닌 금권으로 행사를 치르게 됩니다.
너무 많은 돈을 이길 사람은 없습니다.
필요한 정도만 갖는 것이 좋습니다.
누구라도 돈과 연결되면
결국 돈이 이끄는 쪽으로 끌려가게 됩니다.

먹을 것을 너무 많이 가지면 먹지 않을 수 없고,
권력을 너무 많이 가지면 권력을 남용하게 되고,

너무 많은 능력을 가지면 안하무인(眼下無人)이 되고,
너무 많은 힘을 가지면 힘 조절을 못해서 자해하게 됩니다.
너무 많은 것을 감당할 사람은 세상에 없습니다.

12
행복의 객관적 조건

삶에서 가장 중요한 것은 인간관계이며, 행복은 결국 사랑이다.
삶은 어떠한 데이터로도 밝혀낼 수 없는 극적인 주파수를 발산한
다.

 하버드 의대 정신과 의사 조지 베일런트(George Vaillant) 교수가 자신의 책 『행복의 조건』에서 한 이야기입니다. 그는 1967년부터 인간의 행복을 연구하기 시작해서 최근에야 결과를 발표하였습니다.

 그의 연구 대상들은 7-80세에 이르면 '행복하고 건강한 삶'과 '불행하고 병약한 삶' 그리고 그 전에 사망한 '조기사망'군으로 분류됩니다. 그리고 인생의 마지막 10년을 건강하고 행복하게 보내는지 아닌지는 50세 이전의 삶을 보고 예견할 수 있다고 하였습니다.

 중요한 것은 행복과 불행, 건강과 쇠약함 등을 크게 좌우하는

것이 그저 신의 뜻이나 유전자가 아니라, 사람이 얼마든지 통제할 수 있는 요인들이었다는 것입니다.

그가 발견한 건강하고 행복한 노년을 맞이하기 위한 행복의 조건 7가지는 타고난 부, 명예, 학벌 등이 아니라 다음과 같은 것들이었습니다.

1. 고난에 대처하는 자세(성숙한 방어기제)
2. 47세 무렵까지 형성돼 있는 인간관계
3. 교육 년 수(평생교육 포함)
4. 무난한 결혼생활
5. 금연, 금주. 45세 이전의 금연, 금주
6. 규칙적인 운동
7. 적당한 체중

50세를 기준으로 이 7가지 가운데 5~6가지 조건을 갖춘 사람들은 50%가 80세에 행복하고 건강하게 살고 있었습니다. 그들 가운데 불행하고 병약한 사람들은 7.5%에 그쳤습니다. 반면 50세에 위의 조건 3가지 이하를 갖춘 사람들 중 80세에 행복하고 건강한 사람은 아무도 없었습니다.

베일런트 교수의 연구가 절대적인 기준이라고는 할 수 없지만 상당히 일리 있는 연구로 보입니다. 많은 사람들이 사랑하면 행복하다는 것을 낭만주의자 또는 종교인들이나 하는 소리라고 생각해왔습니다. 사랑은 객관적인 행복의 기준이 될 수 없다고 생각했습니다. 하지만 베일런트 교수의 연구 결과는 인간관계와 사랑이 인간의 행복과 직결되어 있다는 것을 보여 줍니다.

사랑이 많은 사람은 행복하고, 미움이 많은 사람은 불행합니다. 이것은 이제 인문학적 정의가 아닌 의학적인 정의입니다. 사랑하거나 미워하는 것은 운명이 아니라 누구라도 스스로 결정할 수 있는 문제입니다.

앞에서 이야기한 행복의 7가지 조건 중 어쩔 수 없는 것이 한두 가지 있다고 하더라도 나머지는 스스로 결정할 수 있는 것들입니다. 누구라도 알 수 있는 지극히 당연하고 보편적이고, 상식적인 법칙입니다. 행복과 불행은 나에게 달려 있습니다.

사랑하면 행복하고 미워하면 불행합니다. 사랑에서 상황과 조건이란 없습니다. 어디서든, 어떻게든, 누구라도 사랑하면 행복합니다. 많은 사람들이 행복하지 않은 이유는 사랑하지 않기 때문입니다.

사랑은 쉽게 저절로 되지 않습니다. 어떤 것이든 의미 있는 일은 오랜 연습이 필요하듯 끝없는 노력과 투자와 인내를 통해 사랑이 만들어지고 행복도 만들어집니다. 관심사가 통하고 말이 통하고 느낌이 통해도 행복하지만 사랑으로 통할 때 인간은 가장 행복할 수 있습니다.

삶에서 가장 중요한 것은

인간관계이며,

행복은

결국 사랑이다.

13
행복은 보물지도다

저절로 오는 건
행복이 아니라 행운입니다.
행운은 올지 안 올지 모르고,
좋을 수도 아닐 수도 있고,
잠깐 기분 좋은 정도입니다.
저절로 오는 건 저절로 갑니다.
흘러온 것은 흘러갑니다.
건져 올린 것만 내 것이 됩니다.

행복은 숨겨진 보물처럼
찾지 않으면 얻을 수 없습니다.
행복을 위해 아무것도 하지 않으면
보물지도를 가지고만 있는 것과 같습니다.
보물을 얻기 위해서는 모험을 감수하고

문제를 풀어내는 과정이 필요합니다.
보물지도에는 반드시 난관이 있듯이
행복을 찾아가는 과정에도 반드시 어려움이 있습니다.
행복을 찾아가는 과정은 행복하지 않을 수 있습니다.
힘들어서 포기하고 싶을 때도 있고,
죽을 고비를 지나기도 합니다.
기술을 배우는 것이 힘들어도
터득한 후엔 오랫동안 행복한 것처럼,
행복을 찾아내기만 하면 힘든 과정은 모험기가 됩니다.

식사 후에 바로 일어서지 않는 손님들 때문에 식당 주인은 고민에 빠졌습니다. 식사를 마친 손님들이 빨리 일어서야 상을 정리할 수 있기 때문입니다. 하지만 많은 사람들이 식사를 마치고도 앉아서 한참을 이야기한 후 일어섭니다.

손님을 빨리 일어서게 하는 방법을 생각하던 주인이 친구에게 고민을 털어놓았습니다. 식당 주인의 고민을 들은 친구가 곰곰이 생각한 후에 대답했습니다.

"내 생각엔 손님들을 빨리 나가게 하지 않는 것이 좋을 것 같은데!"

"그게 무슨 소리야? 밥을 다 먹었으면 빨리 나가 줘야지."

"사람들이 밥을 다 먹고도 계속 앉아 있다는 건 식당 분위기가 마음에 든다는 거야. 그런 사람들은 대부분 다음에 다시 올 사람들이네. 다시 오고 싶은 생각이 없는 사람들은 밥을 먹은 즉시 일어나지. 밥을 다 먹고도 앉아 있다는 것은 다음에 다시 오겠다는 예약을 하는 행동이라고 할 수 있을 것 같은데!"

친구의 말을 듣고 식당 주인은 생각을 바꾸어서 밥을 다 먹은 사람들이 편하게 앉아 있을 수 있도록 후식을 주며 식탁의 일부만 정리하는 방법을 생각해 냈습니다. 그 후로 식당 주인은 후식을 먹으며 앉아 있는 사람들을 바라보며 행복할 수 있었습니다.

일상 속에 숨겨진 새로운 의미를 발견하면 아무것도 바뀌지 않아도 모든 것이 달라집니다. 화가 나던 상황이 즐거운 상황이 됩니다. 무언가를 이룰 때도 행복하지만 새로운 것을 깨닫기만 해도 행복합니다.

보물지도의 목적지가 멀리 있는 곳일 수도 있지만 생활 터전일 수도 있습니다. 날마다 새로운 가치를 발견할 수만 있다면 일상생활은 보물섬을 찾아가는 모험이 될 수 있습니다.

14
행복은 기다려야 온다

❦

"혹시 공연장에서 다이아 목걸이 발견되지 않았나요? 틀림없이 엊저녁에 그곳에서 잃어버린 것 같아요"

신분을 밝히지 않는 중년 여인이 전화로 극장 지배인에게 물어보았습니다.

"아직까지 발견된 것은 없지만 저희가 다시 한 번 찾아보겠습니다. 전화를 끊지 말고 기다려 주세요."

극장 지배인은 수화기를 내려놓고 공연장으로 달려갔습니다. 한참 뒤 지배인이 흥분된 표정으로 돌아와서 전화기를 들고 소리쳤습니다.

"네! 오래 기다리셨죠! 기뻐하세요! 다이아 목걸이를 찾았습니다. 공연장 불을 최대로 밝히자 의자 밑에서 떨어진 목걸이가 반짝이고 있었습니다. 조금만 늦었어도 진공청소기에 빨려 들어갈 뻔 했습니다. 정말 다행입니다."

그래서 수화기에선 아무런 소리도 나지 않았습니다. 전화를 건

큰일은 느리게 진척 되고,

명작은 오랜 시간이 걸려야 탄생합니다.

여인은 그가 목걸이를 찾으러 간 사이 기다리지 못하고 전화를 끊어버리고 말았습니다. 아직까지 발견된 것이 없다는 지배인의 첫 마디에 찾을 가망이 없다고 생각하고는 더 이상 기다릴 필요가 없다고 생각한 것입니다. 지배인은 어디서 걸려온 전화인지를 추적해서 목걸이를 돌려주고 싶었지만 전화를 건 사람을 찾지 못했습니다.

기다리지 못해서 행복을 놓치는 사람들이 많습니다. 씨를 뿌리고 결실이 맺힐 때까지 기다리지 못하면 씨를 안 뿌린 것과 다를 것이 없습니다. 처음에 아무리 열심히 해도 끝까지 기다리지 못하면 아무것도 안 한 것과 같습니다. 좋은 일은 기다림을 거쳐야 얻을 수 있습니다.

칼을 제대로 쓸 줄 모르는 사람에게 칼은 흉기가 됩니다.
지식을 바르게 쓸 줄 모르는 사람에게 지식은 속임수가 됩니다.
요리를 할 줄 모르는 사람에게 고급 식재료는 음식물 쓰레기가 됩니다.
다룰 줄 모르는 사람에게 주어진 악기는 기쁨이 아니라 짐이 됩니다.
너무 일찍 주어지는 것들은 아무리 좋은 것이라도 인생의 독이 됩니다.
그래서 어른들은 어린아이가 아무리 졸라도 때가 되기 전엔 결코 주지 않습니다.

때가 되길 기다리지 못하면 아무것도 얻을 수 없습니다. 크고 좋은 것일수록 오래 기다려야 합니다. 60일 배추와 40일 배추는 맛이 다릅니다. 똑같은 분자 구조를 가졌고, 모양도 같고 색깔도 같지만 김치를 담그면 20일의 차이는 두고 먹을 만한 것과 먹기 힘든 것으로 나타납니다. 시간이 없다고 서둘러 뽑은 배추는 팔아먹기는 좋을지 몰라도 두고 먹기엔 형편없는 것이 됩니다.

죽음이 그대의 눈동자를 들여다보고 있을 때
도저히 견딜 수 없는 고통에 사로잡혀 있을 때
굶주림과 비탄에 잠겨
아, 한방에 날려버리기란 쉬운 일이다.
용기를 내라. 그만 두는 일은 쉬운 일이다.
힘든 것은 턱을 뻣뻣이 치켜드는 일이니,
변절자가 되어 바닥을 기는 것도 어려운 일은 아니다.
하지만 아무런 희망이 보이지 않을 때조차 싸우고 또 싸우라.
까짓것, 한 번 더 해보는 거다.
죽기는 쉬운 일 아닌가.
힘든 것은 계속 살아가는 일이나니.

영국의 역사학자 로버트 서비스(Robert Service)의 시입니다. 마지막 하루에 무슨 일이 있을지 아무도 알 수 없습니다. 힘들다고, 괴롭다고, 화난다고 끝장내는 건 최후의 결론이 아닙니다. 아무런 희망이 보이지 않을 때, 어떤 의미도 가치도 발견할 수 없을 때, 회

생불능의 상황에 떨어졌을 때라도 끝까지 기다리는 것, 그 과정을 살아내는 것이 가장 힘든 일이고 최후의 결론입니다.

    결실은 하루아침에 이루어지지 않습니다. 큰일은 느리게 진척되고, 명작은 오랜 시간이 걸려야 탄생합니다. 착한 일을 하고도 칭찬은커녕 욕먹을 수 있습니다. 하지만 욕을 먹고도 계속 착한 일을 해야 합니다. 결국 때가 되면 모든 것을 회복할 날이 올 것이기 때문입니다.

15
봄가을엔 누구나 행복하다

해마다 여름은 너무 덥고 겨울은 너무 춥다고 불평합니다. 겨울엔 여름을 그리워하고, 여름엔 겨울을 그리워하면서 막상 닥치면 모든 사람이 불평합니다. 왜 그럴까요?

여름은 겨울에 생각했던 것보다 너무 덥고 겨울은 여름에 생각했던 것보다 더 춥기 때문입니다. 적당히 덥고 적당히 춥기를 기대하지만 여름과 겨울은 항상 기대하는 이상이기 때문입니다.

그래서 봄과 가을은 모든 사람에게 환영받습니다. 봄가을은 너무 짧게 지나가는 것을 아쉬워합니다. 봄가을이 인기 있는 이유는 더운 여름과 추운 겨울 때문입니다. 더운 끝의 시원함과 추운 끝의 따스함은 환영을 받을 수밖에 없습니다. 봄가을은 여름겨울의 후광으로 아무런 노력도 없이 인기를 누리고 있습니다.

봄가을 같은 일상적인 삶에서 행복하지 않은 사람은 겨울과 여름 같은 인생의 혹독함을 지나지 않았기 때문입니다. 인생은 고난이 아니면 깨달을 수 없는 것이 있습니다. 곱게 자란 사람은 인생의 깊이를 알 수 없습니다. 훈련이 아니면 병사는 만들어지지 않습니다. 땀 흘리지 않고 되는 일은 없습니다. 수고하지 않으면 휴식은 의미가 없습니다.

삶이 얼마나 치열하고 힘든 과정인지를 겪지 못하면 평범한 일상이 얼마나 고맙고 감사한 것인지를 알 수 없습니다. 죽고 싶을 만큼 힘든 삶의 역경을 지나면 살아 있는 모든 날이 즐겁습니다. 용광로 앞에서 일해 봐야 뜨거운 여름도 견딜만 하다는 걸 알게 됩니다. 냉동 창고 안에서 일해 봐야 겨울이 따뜻하다는 걸 알게 됩니다.

온갖 사물을 이용해 공연을 만드는 서커스단 단장이 술 한 잔 하기 위해 주점에 들어갔습니다. 때마침 주점에서 어떤 사람이 춤추는 오리를 자랑하고 있었습니다. 주인이 음악을 틀고서 뒤집어 놓은 냄비 위에 오리를 올려놓자 오리는 발로 바닥을 치며 춤을 추기 시작했습니다.

음악에 맞춰 넓적한 발바닥으로 스텝을 밟으며 춤을 추고 있는 오리를 보자 서커스 단장은 멋진 공연거리가 될 것이라는 생각이 들었습니다. 그는 오리 주인에게 오리를 비싼 값에 팔 수 없냐고 물어보았습니다. 오리 주인은 의외로 오리를 팔려고 하지 않았습니다. 결국 천만 원을 주겠다는 말과 서커스 단장의 간절한 요청을 이기지 못해 그는 오리를 팔았습니다.

3일이 지난 후 잔뜩 화가 난 서커스 단장이 오리를 들고 주점을 찾아왔습니다. 그는 사람들 사이에서 다른 오리를 가지고 춤을 추게 하고 있는 오리 주인에게 다가가서 따졌습니다.

"야! 이 나쁜 놈아! 또 사기를 치고 있냐!"

깜짝 놀란 오리 주인과 주위 사람들이 단장을 쳐다보았습니다.

"그게 무슨 말씀이세요?"

"무슨 말이냐고? 몰라서 물어! 천만 원이나 주고 사간 이 오리가 발가락 하나도 꿈적 안 한다고!"

그 말을 듣고 오리 주인이 이상하다는 표정으로 대답했습니다.

"정상적인 오리라면 춤을 안 출 수가 없는데!"

"아무리 음악을 크게 틀어도 도무지 춤을 안 춘다고!"

"음악만 틀었어요?"

"그럼 뭘 더 해야 하는데!"

"냄비 안에다 촛불은 켰어요?"

냄비 안에서 타고 있는 촛불이 오리를 춤추게 합니다. 한 발을 들고 견딜만한 정도의 고통이 오리를 춤추게 합니다. 구경하는 사람은 오리의 고통을 알지 못합니다. 그저 춤을 추는 것으로 생각합니다. 오리는 뜨거움을 피하기 위해 발을 번갈아 드는 것일 뿐입니다. 그것이 구경꾼들에게는 춤추는 것처럼 보이는 것입니다.

여름의 무더위와 겨울의 혹한이 아니면 봄가을은 지겹고 따분하고 특색 없는 계절이 됩니다. 한여름의 뜨거움을 아는 사람만 가을의 시원함을 즐길 수 있습니다. 엄동설한(嚴冬雪寒)을 겪어내야 봄날의 따뜻함이 얼마나 행복한 것인지를 알 수 있습니다.

고난 당한 것이 내게 유익이라 (시편 119:71)

제2부

작게 소박하게 행복하게

하루에 천 번을 웃으면

누구라도 행복한 사람이 될 수 있습니다.

16
하루 천 번 웃으면 누구라도 행복하다

　　일본의 심리학자 에토 노부유키(　　信之)는 우울증 환자의 심리를 알기 위해 자신에게 임상 실험을 시도했습니다. 우울한 감정을 직접 체험하기로 결심하고 노력한 끝에 진짜 우울증에 걸렸습니다. 그는 우울증에 걸리기 위해 다양한 방법을 시도하다가 누구나 우울증에 걸리는 간단한 방법을 발견하였습니다.

　　3개월 동안 하루에 천 번씩 한숨을 쉬면 누구나 우울증에 걸린다는 것입니다. 에토 교수는 우울증에 걸리기 위해 시간만 나면 깊은 한 숨을 쉬기 시작했습니다. 그러던 중 어느 날부턴가 정말 우울증이 걸려서 수업도 빼먹고, 한 번도 거르지 않던 학회도 참석하지 않은 채 자기 집에 은둔하게 되었습니다.

　　교수님이 수업을 빼먹는 것을 발견한 학생들이 집으로 찾아가서 왜 학교에 안 나오시냐고 물었습니다. 제자들의 질문을 받은 교수의 표정과 대답은 전형적인 우울증 환자의 모습이었습니다.

　　"그 모든 게 무슨 의미가 있나?"

자기들을 가르치던 교수님이 우울증 환자가 되기 위한 방법을 시도하다가 정말 환자가 된 것입니다. 학생들은 자신들이 배운 방법을 총동원해서 교수를 상담하기 시작했습니다. 자신이 가르쳤던 학생들의 적극적인 상담으로 에토 교수는 우울증을 이겨내고 다시 학교로 돌아올 수 있었습니다. 그리고 자신의 체험을 바탕으로 논문을 발표하였습니다.

하루에 천 번 한 숨을 쉬면 누구라도 우울증에 걸리고, 하루에 천 번을 웃으면 누구나 행복할 수 있다는 것이 논문의 결론입니다.

한숨 쉬면 병에 걸리고 불행한 감정에 빠진다는 것이 실험을 통해 밝혀졌습니다. 그것은 반대로 웃으면 건강하고 행복할 수 있다는 것을 증명한 것과 같습니다. 당대 최고의 교수가 한숨 쉬는 것만으로 모든 의욕을 잃고 은둔하는 우울증 환자가 되었다면 한숨은 모든 사람을 병들게 하는 독이라고 할 수 있습니다.

한숨이 독이면 웃음은 약입니다. 좋을 것 하나 없고, 웃을 일도 없이 그저 웃기만 해도 삶은 행복해질 수 있습니다. 행복하고 싶다면 그냥 웃으면 됩니다. 화나도 웃고, 기막혀도 웃고, 속상해도 웃고, 배고파도 웃으면 한숨 쉬는 것보단 건강하게 살 수 있습니다.
실수해도 웃고, 잘해도 웃고, 혼자 있으면 미친 듯이 웃고, 같이 있으면 눈치 봐서 웃고... 웃을 때마다 행복해 진다고 믿고 열심히 웃으면 분명 행복해질 것입니다.

시카고 트리뷴지에 테오도르 반 텔렌 박사가 웃음을 의학적으로 연구해서 실은 글이 있습니다.

"웃음은 신경조직을 이완시키는 효과가 있으며 소화를 돕고 신체 균형과 활기를 준다. 마음껏 웃으면 우리의 횡경막이 위아래로 움직여 산소가 깊게 폐 속으로 들어오고, 배기가스가 연속적으로 터지듯 독 기운이 조금씩 밖으로 배출되어 건강을 돕는다."

데일 카네기(Dale carnegie)는 사업가들에게 강의 하며 웃으면 인생이 달라진다고 하였습니다. 그의 강연을 들은 사람 중에 뉴욕의 중개인 한 사람이 사연을 보내왔습니다.

"나는 결혼한 지 18년이 되었지만 아침에 일어나 식사를 하고 사무실로 출근할 때까지 아내에게 웃음을 짓거나 열 마디 이상의 이야기를 해 본 적이 없었습니다. 버스를 타고 시외에서 시내로 들어오는 승객들 중에 제일 불평이 많은 사람이었습니다. 웃음이 인생을 바꾼다는 말을 듣고 집으로 돌아온 나는 실행해 보기로 마음을 먹었습니다. 다음 날 아침 세수를 하고 거울 앞에 서서 나에게 이야기했습니다. '오늘부터 그 우울한 얼굴을 버리고 싶다면 한 번 웃어 봐!' 그리고는 혼자 거울을 보며 씩 웃었습니다. 식탁으로 다가가 아내에게 '잘 잤어요!' 하고 웃었습니다. 아내는 나의 행동에 당황해하였습니다. 나는 다시 웃으면서 아내에게 말했습니다. '앞으로 두 달 동안 오늘처럼 아침 인사를 하겠소!'라고 약속하고 실행했더니 우리 집은 기쁨이 가득한 가정이 되었습니다. 뿐만 아니라 직장 생활에도 일대 개혁이 일어나 수입이 늘어났습니다. 좋은 강의를 해 주셔서 정말 감사합니다."

그는 슬픈 표정으로 슬프게 살면서 자기의 인생이 슬프고 재미없다고 생각했습니다. 자신의 우울한 표정이 자기의 삶과 가정과 일터를 어둡게 하고 있었던 것입니다.

우리는 지금 어떤 인생을 살고 있습니까? 우리의 표정은 어떻습니까? 화난 표정을 짓고 살면서 사람들이 친절하지 않다고 생각하지는 않습니까? 100개의 좋은 것을 버리고 1개의 슬픈 일에 매달려 살지는 않습니까? 표정을 바꾸면 생각이 달라지고 삶이 달라집니다.

하루에 천 번을 웃으면 누구라도 행복한 사람이 될 수 있습니다. 매일 매 순간 근엄한 표정을 지으면 인생은 점점 무거워져서 깊은 어둠의 수렁으로 추락하게 됩니다.

웃어야 행복합니다. 웃으면 복이 옵니다. 웃으면 살맛 납니다. 슬픔을 선택하지 말고 기쁨을 선택하세요!

항상 기뻐하라 내가 다시 말하노니 기뻐하라 (빌립보서 4:4)

17
청소하면 행복하다

꾸꾸

지금 당장 아주 간단한 것으로 행복할 수 있습니다. 청소하는 것입니다. 집안이 깨끗해져서 좋고, 몸을 움직이니 건강해져서 좋고, 땀이 나면 뇌에서 엔돌핀이 만들어져서 정신도 맑아지게 됩니다.

"뉴욕에 가면 지하철은 절대로 타지 마라."

미국을 여행하는 사람들 사이에서 공공연하게 떠돌던 말입니다. 1980년대 뉴욕은 연간 60만 건 이상의 중범죄 사건에 시달리던 도시입니다. 그중에서 아주 많은 사건이 지하철에서 발생했습니다.

라토가스 대학의 겔링 교수는 뉴욕시의 범죄를 줄이기 위한 대책으로 뉴욕 지하철역을 뒤덮은 낙서를 지워야 한다고 제안했습니다. 그의 주장은 '브로큰 윈도우 법칙(Broken Window Theory)'에 의한 것이었습니다.

'브로큰 윈도우 법칙'은 1969년 미국 스탠퍼드 대학의 필립 짐바

르도(Philip Zimbardo) 교수가 실험을 통해 입증한 사회 현상입니다. 치안이 허술한 골목에 보닛을 열어 둔 두 대의 자동차를 일주일 동안 방치합니다. 그중 한 대의 자동차는 고의적으로 유리창을 깨 놓습니다.

일주일 후 유리창이 깨진 자동차는 배터리나 타이어가 사라진 것은 물론 낙서와 파괴로 고철이 되어 버렸습니다. 하지만 다른 자동차는 처음의 상태로 보존되어 있었습니다. 깨진 창문 하나가 파괴와 약탈을 재촉했다는 것입니다.

그러한 연구를 통해 '브로큰 윈도우 법칙'은 깨진 창문 하나가 기업의 이미지나 사람들의 행동에 막대한 영향력을 행사한다는 대명사가 되었습니다. 유명 백화점이나 회사의 화장실 등에 깨진 창문 하나가 회사에 대한 신뢰도에 영향을 미치고, 그 결과 매출이 줄어들거나 고객이 떠나게 된다는 이론입니다.

이러한 주장을 받아들인 뉴욕시 교통국은 줄리아니 시장을 설득하여 뉴욕 지하철의 청소원을 대폭 증강하였고, 지하철 낙서 지우기 프로젝트가 시작됐습니다. 효과는 90일 만에 바로 나타났습니다.

뉴욕의 범죄가 급속히 줄어들기 시작했습니다. 그리고 지하철의 범죄는 낙서가 지워지는 속도와 함께 줄어들었습니다. 그 후로 뉴욕의 지하철은 뉴욕 시민들이 안전하게 이용할 수 있는 교통수단이 되었습니다.

청소하는 것만으로 뉴욕의 지하철 범죄가 줄어든 것처럼 청소만 잘해도 인생이 행복해질 수 있습니다. 중세 유럽의 인구 절반 가량을 앗아간 흑사병에서 대부분의 유대인은 살아남았습니다. 그로 인해 유대인들이 흑사병을 퍼트렸다는 오해를 받기도 했습니다.

유대인들이 흑사병에서 살아남은 이유는 그들의 청소 습관 때문입니다. 매일 한 번, 일주일에 한 번 대청소, 한 달에 한 번 특별청소, 분기에 한 번 절기 청소, 반년에 한 번, 일 년에 한 번 전체청소 등, 가정과 주변을 청소하는 것이 유대인들의 생활 습관이었습니다. 그로 인해 많은 유럽인들이 죽음의 공포에 시달릴 때 유대인들은 건강할 수 있었습니다.

버릴 것을 들고 가던 사람은 쓰레기가 쌓인 곳을 지날 때면 물건을 집어 던지고 갑니다. 더러운 곳에 더러운 것이 모입니다. 마찬가지로 인생도 비슷합니다. 거친 곳에서 싸움이 일어납니다. 함부로 말하는 사람들 사이에서 문제가 발생합니다. 뛰어다니면 넘어지기 쉽습니다.

그러므로 행복한 삶을 원하는 사람은 자기 주변의 더러운 것들을 정리해야 합니다. 더러운 성질을 가지고 있으면 사람들이 다가와서 성질을 부리고 갑니다. 자기 성질을 부릴만한 대상이라는 것을 알기 때문입니다. 남을 욕하는 것, 잘난 척하는 것, 이간질하는 것, 거짓말, 배신 등, 더러운 정서를 버리지 않으면 절대 행복해질수 없습니다. 더러운 것들이 점점 쌓이기 때문입니다.

깨끗한 사람에게는 더러운 사람이 접근하지 않습니다. 본능적으로 어울리지 않다는 것을 알기 때문입니다. "끼리끼리 논다"는 말은 나쁜 말이기도 하고 맞는 말이기도 합니다. 수준이 맞지 않으면 통하지 않기 때문에 착한 사람은 착한 사람끼리 모이고 못된 것들은 못된 것들끼리 모이게 됩니다.

깨끗하면 기분이 좋습니다. 더러우면 기분이 좋지 않습니다. 기분이 좋으려면 청소하면 됩니다. 집안 청소든 성격 청소든...

불행은 깨끗하지 않은 곳에 멈추고, 행복은 깨끗한 곳에 멈춥니다. 사람들은 버릴 것을 들고 다니다가 더러운 곳에 이르면 집어 던지고 갑니다. 남들이 던지는 더러운 것에 맞지 않으려면 주변을 정리하고 성격도 정리해야 합니다.

지금 내가 어떤 상태인지를 살펴보고, 더럽게 살고 있으면 당장 면 청소를 시작해야 합니다. 그렇지 않으면 더러운 것들이 점점 내 주위에 모이게 됩니다.

생활공간을 청소하면 마음도 닦입니다. 먼지를 털어내면 마음이 홀가분지고 밀렸던 빨래를 하고 나면 속이 후련합니다. 청소하는 것은 인생을 가꾸는 것과 같습니다. 빨래도 잘하고, 설거지도 자주 하고, 다림질도 정성스럽게 하면 사는 것이 즐거워집니다.

인생은 대단한 것으로 행복하지 않습니다. 청소로 인생이 즐거워집니다. 내 방의 쓰레기는 눈에만 쓰레기가 아니라 인생에도 쓰레기입니다. 어지러운 방을 치우는 것은 어지러운 마음을 치우는 깃입니다.

18
날씨가 궂을수록 얼굴을 밝게 하라

아내가 혼수상태에 빠진 남편을 지극한 정성으로 돌보았습니다. 몇 개월이 지난 어느 날, 남편이 갑자기 정신을 차리고 깨어났습니다. 남편은 자신을 돌보고 있는 아내에게 가까이 오라고 말했습니다.

"당신 알아? 내가 나쁜 일을 겪었을 때마다 당신이 내 곁에 있었다는 거!"

아내는 남편의 한마디에 오랜 동안의 시름이 씻기는것 같았습니다. 남편은 계속 작은 소리로 아내의 귀에 속삭였습니다.

"내가 직장에서 해고당했을 때, 당신이 나에게 사업을 시작할 용기를 주었지! 내가 사업에 실패했을 때도 내 옆에 있었고, 내가 사냥을 나가서 총을 맞았을 때도 역시 함께 있었고, 우리가 집을 잃었을 때도 당신은 내 옆에 있었소! 그리고 내가 이렇게 건강이 악화되었을 때도 당신은 여전히 내 옆에 있구려! 그걸 당신은 알고 있어?"

아내는 남편의 이야기에 쑥스러워하며 대답했습니다.

"여보! 새삼스럽게 무슨 말이세요. 그건 아내의 당연한 도리죠!"

아내의 대답을 듣고 남편이 말을 이었습니다.

"그래서 말인데, 내 생각엔 당신이 나한테 불행을 갖다 주는 것 같아."

아내가 불행의 원인이 될 수도 없지만 혹시 내 불행이 아내 때문은 아닐까 하는 마음이 든다고 그걸 아내에게 이야기해서 무엇이 좋아질까요?

남편이 가지고 있는 부정적인 느낌을 아내에게 이야기하면 과연 행복해질까요? 도리어 아내의 가슴에 한이 맺히게 하고, 상처를 주어서 남편을 더 원망하게 만들 뿐입니다. 그리고 두 사람은 더욱 불행으로 치닫게 됩니다.

어두운 때를 이기는 것은 어두운 생각과 말이 아니라 밝은 생각과 마음입니다. 씁쓸한 말은 분위기를 더 쓰게 만들고, 우울한 말은 상황을 더욱 슬프게 만들 뿐입니다. 인생이 어두운데 생각과 말까지 어두우면 삶은 어둠을 벗어날 수 없는 완전한 어둠에 둘러싸이게 됩니다. 어려울 때가 좋은 이야기를 해야 할 때고, 좋을 때가 어려운 이야기를 할 수 있는 때입니다.

행복할 땐 행복을 이야기하지 않아도 행복합니다. 그때는 불행을 이야기해도 농담이 됩니다. 슬프지 않습니다. 그러나 불행한 때에 불행을 이야기하면 더욱 불행합니다. 행복한 이야기는 불행한 시기를 위한 진통제입니다. 터무니없는 희망이라도 붙잡고 불행의 시기를 지나가야 합니다. 행복한 사람보다 불행한 사람이 더 행복을 이야기해야 합니다. 많이 모자라면 더 많이 해야 하듯, 불행한 생각이 들수록 행복을 더 많이 이야기해야 합니다.

불행할수록 행복을 이야기해야 합니다.
날씨가 궂을수록 얼굴을 밝게 해야 합니다.
인생이 어두울수록 밝은 표정을 지어야 합니다.
상황이 복잡할수록 단순하게 생각해야 합니다.
죽고 싶을수록 살 이유를 생각해야 합니다.
어두운 날에 얼굴까지 어두우면 세상은 암흑이 됩니다.
밝은 얼굴은 어두운 세상을 비추는 빛이 됩니다.
비가 온다고 불평해도 비에 젖는 것은 똑같습니다.
비에 젖을 뿐 아니라 감정도 슬픔에 젖습니다.
비가 와서 꿉꿉한데 얼굴까지 울상이면 입맛까지 떨어집니다.
어두울수록 얼굴을 밝게 해야 합니다.
근심과 걱정으로 아까운 인생을 낭비하지 마세요!
행복할 시간도 없는데 불행으로 노닥거릴 시간이 어디 있습니까?

노부부가 거실에 앉아 TV를 보고 있었습니다. 할머니가 일어나려고 하자 할아버지가 이야기했습니다.

"주방에 가는 거면 오는 길에 냉장고에 있는 아이스크림과 우유를 갖다 주겠소?"

"그래요."

"까먹을지 모르니까 종이에 적어서 가요."

그러자 할머니가 눈을 크게 뜨고 대답했습니다.

"영감은 내가 치매라도 걸린 줄 알아? 걱정 말아요!"

잠시 후에 할머니가 삶은 계란을 그릇에 담아 가지고 들어왔습니다.

그걸 보고 할아버지가 말했습니다.

"고맙소. 그런데 소금은 왜 안 가져왔어?"

"아, 소금!"

할머니가 주방으로 가서 김치를 가져왔습니다.

김치를 본 할아버지가 이야기했습니다.

"젓가락은?"

"참, 내 정신 좀 봐!"

할머니가 다시 주방으로 가서 물통을 들고 왔습니다. 물통을 받아들고 할아버지가 말했습니다.

"컵은 안 가져 왔소?"

"갖다 줄까요?"

"놔둬요! 그냥 먹지 뭐!"

그리고 할머니와 할아버지는 함께 tv를 보며 행복한 저녁을 보냈습니다.

이렇게 살면 됩니다. 내가 원하는 것이 아니라도 고맙게 받으면

행복할 시간도 없는데

불행으로

노닥거릴 시간이

어디 있습니까?

행복합니다. 가지러 간 것을 잊고 다른 것을 가져와도 불행하지 않습니다. 뭘 가져오라고 했든 가져다 준 것을 그냥 받으면 됩니다.

"뭐 이딴 걸 가져 왔어?"라고 말하는 순간 불행이 시작됩니다. 아이스크림과 우유가 계란과 김치로 바뀌고 물 컵도 없는 물통을 가져다주어도 전혀 불행하지 않습니다. 아무거나 즐겁게 먹으면 행복하고 어떤 것도 화내고 먹으면 불행합니다.

맛있다는 말이 필요할 때는 맛없는 것을 먹을 때입니다.
괜찮다는 말을 해야 할 때는 괜찮지 않을 때입니다.
나쁜 걸 나쁘다고 해서 좋아 질게 없다면 좋다고 해야 합니다.
굳이 나쁘다는 말을 하지 않아도 될 때는 아무 말하지 않는 것이 좋습니다.
대신 이렇게 말하면 됩니다.
"이렇게 좋은 걸!"
"이렇게 맛있는 걸!"
"이렇게 쓸 만한 걸!"

19
땀 흘리면 행복하다

땀이 보약입니다.
땀 흘릴 줄 아는 사람은 건강합니다.
정신도 육체도 땀을 통해 단련됩니다.
약 먹지 말고 땀을 흘려야 체질이 좋아집니다.
약은 부작용이 있어도 땀은 부작용이 없습니다.
땀은 몸을 강하게 하지만 약은 몸을 약하게 합니다.
보약도 잘못 먹으면 독이 됩니다.
땀이 보약보다 낫습니다.

땀 흘리면 행복합니다. 몸으로 땀을 흘리면 마음이 개운하고 풍성합니다. 몸과 마음은 긴밀하게 연결되어 있어서 땀 흘리면 마음으로 성취감을 느끼게 되고 또한 즐거워집니다. 땀을 흘리지 않으면 몸은 편하지만 마음은 개운하지 않습니다. 몸이 편하면 마음이 불안해지고 몸이 편한 만큼 마음은 힘들어집니다.

땀을 흘리면 몸과 마음이 함께 시원합니다. 땀은 몸에만 좋은 것이 아니라 마음에도 좋습니다. 그리고 마음이 아프면 몸에서도 식은땀이 흐릅니다. 마음으로 긴장하면 몸을 움직이지 않아도 온몸에 땀이 흐릅니다. 마음과 몸은 함께 움직이기 때문입니다.

심심할 때 땀을 흘리면 숨이 차오르고, 숨이 차면 더 이상 심심하지 않게 됩니다. 심심함을 달래는 가장 빠른 방법은 몸을 움직여 땀을 흘리는 것입니다. 차오른 숨이 가라앉는 동안 심심했던 마음은 어느덧 상쾌함으로 바뀌어 있습니다.

속상할 때도 땀을 흘리면 땀은 속상한 걸 닦아냅니다. 속상한 건 속에 때가 껴서 그렇습니다. 땀은 마음의 때를 닦아냅니다. 아픈 마음도 상처도, 괴로움도 땀 흘리면 어느 정도 회복됩니다. 땀은 마음의 때를 닦는 비누입니다.

화날 때도 땀을 흘리면 땀이 화를 가라앉힙니다. 화는 불이고 땀은 물이라서 땀이 많이 흐르면 마음속의 화는 조금씩 사그라집니다.

땀이 흐르는 것은 좋은 일입니다. 땀 흘릴 기회가 오면 피하지 마세요. 땀이 흐르는 만큼 몸이 건강해지고 마음도 즐거워지며, 열매도 거두게 되고 돈도 벌게 됩니다. 인생은 땀 흘린 만큼 행복합니다. 땀을 흘려본 지가 오래된 사람은 그만큼 행복과 멀어지고 있는 중입니다.

땀에는 항상 결실이 따라다닙니다. 땀이 없으면 결실도 없고 행복도 없습니다. 가능하면 죽을 때까지 땀 흘리는 삶을 살아야 합니다. 땀이 흐르는 동안 인생은 병들지 않습니다. 땀 흘리고 수고한 사람은 당당할 수 있습니다. 땀 흘리지 않은 사람은 스스로 부끄러워합니다.

마음이 허전할 때 배가 고픈 이유는 마음과 몸이 연결되었기 때문입니다. 마음이 괴로운 사람은 음식을 찾게 됩니다. 몸이 술 취하면 정신이 없습니다. 몸과 정신은 다른 것 같지만 몸이 취하면 마음도 취하게 됩니다.

그러므로 몸을 행복하게 하면 마음도 행복할 수 있게 됩니다. 몸의 컨디션을 유지하기 위해서는 마음을 바르게 먹어야 합니다. 마음이 아프면 마음에 매달리지 말고 몸을 써서 치료하고, 몸이 안 좋을 땐 마음을 즐겁게 해야 빨리 회복됩니다.

20
어제 일로 오늘을 불행하게 살지 말라

친구 차를 타고 검문소를 지나가는데 도로에 나와 있던 경찰이 차를 세웠습니다. 신호등도 없는 곳이라 법규 위반을 할 수도 없는 곳이었습니다. 운전하던 친구가 내려서 검문소 안으로 들어가더니 한참을 이야기하고 나왔습니다.

왜 그러냐고 물어보니 친구가 설명해 주었습니다. 오래된 범칙금을 내지 않은 것이 있어서 수배 차량으로 등록되었고, 무작위 차량번호 판독에 걸려서 차량 단속 확인증을 발급받았다는 것입니다.

벌금공소시효가 한 달 남았는데 조금만 버티면 벌금 고지 자체가 말소되기에 안 내고 지나가려고 했다는 것입니다. 검문한 경찰도 현장에서 범칙금을 받을 권리는 없기에 단속했다는 증명서를 주는 것 외에 달리 할 수 있는 일은 없었습니다. 결국 친구는 범칙금을 안내고 한 달을 버틴 후 범칙금을 면제받았습니다.

국가에서 고지한 범칙금도 일정 기간이 지나면 고지 만료가 되어서 받을 권리도 내야 할 의무도 사라지게 됩니다. 이처럼 인생에서 지나간 일은 이미 공소시효가 끝난 고지서와 같습니다. 어제의 아픔은 그 후유증이 있기는 하지만 그로 인해 오늘을 살 마음까지 빼앗겨서는 안 됩니다.

어제의 사고는 어제를 불행하게 했으나 오늘은 마음먹기에 따라 불행할 수도 아닐 수도 있습니다. 아침에 떠오르는 해는 날마다 새 날을 시작하는데 사람은 새 날을 어제와 같은 날로 만듭니다.

매일 아침 새 날을 행복하기로 선택해야 합니다. 안 될 일보다는 될 일을 생각하고, 슬픈 일보다는 기쁜 일을 생각하고, 화 날 일보다는 기분 좋을 일을 생각하는 것이 좋습니다.

불행을 통해 행복을 보면 행복도 불행이 되고,
행복을 통해 불행을 보면 불행도 행복이 됩니다.
어제의 상한 기분으로 오늘을 바라보지 마세요.
어제는 어제로 끝났고 오늘은 새 날입니다.
어제에 끌려가지도 말고 내일에 매달리지도 마세요.
언제나 오늘을 살아야 합니다.
오늘 이대로 행복할 이유를 찾아야 합니다.
어제의 괴로움은 어제로 충분합니다.
서운함도 고마움도, 실수와 실패도, 억울함도, 슬픔도
하루를 괴로워했으면 충분합니다.

하루가 지나면 모든 것을 잊어야 합니다.
잊지 못하면 시달리게 됩니다.
해가 뜨면 어제 일을 잊고 오늘 일을 시작하세요!
어제보다 더 나은 것을 찾으세요!
하루에 하루치만 살면 됩니다.
어제와 오늘을 한 번에 살지 말고
오늘과 내일을 같이 살지 마세요!
오늘 하루에 충실하면 어제는 추억이 되고
내일은 희망이 됩니다.

참기름도 많으면 비린 맛이 나고,
약도 이틀 치를 한 번에 먹으면 독이 됩니다.
어제와 오늘, 내일을 하루에 생각하면 용량 초과입니다.
오늘 하루만 생각하세요!
모든 병이 지나친 것에서 시작됩니다.
불행도 지나친 것에서 시작됩니다.
무엇을 하든지 그 일을 생각해야 합니다.
이 일을 하면서 저 일을 생각하지 말고,
이 사람 만나면서 저 사람 생각하지 마세요!
어제 일이나 내일 일로 오늘을 힘들게 하지 마세요!

21
쓸 데 없으면 돈 벌지 마라

쓸 데 없는 사람에게 돈이 생기면
쓸데없는 짓을 하게 됩니다.
잘 쓸 수 없다면 차라리 없는 것이 낫습니다.
쓸 데 없는 사람에게 생긴 돈은
아이 손에 들려진 칼과 같습니다.
이 사람 저 사람을 찔러서 상처를 만듭니다.
양심 없이, 의미 없이 쓰이는 돈은
사고를 일으키고 문제를 만들어 냅니다.

많이 갖는 것보다 쓸 만큼 갖는 것이 좋습니다.
많이 먹고 배부른 것보다 적게 먹고 날씬한 것이 좋습니다.
저장해 놓은 양식은 사람을 게으르게 만듭니다.
현대인들이 신선한 음식을 먹지 못하는 이유는
냉장고 때문입니다.

창고가 생긴 후로 인간은 게을러지고 나태해졌습니다.
인간의 욕심은 창고의 크기만큼 자라고,
인간의 교만은 은행의 잔고만큼 솟아오릅니다.
쓸 데 없는 것이 쌓이는 만큼 인간성은 추락합니다.
쓸데없으면 모으지 말고,
먹을 수 없으면 사놓지 말고,
쓸데없는 일에 빠지지 마세요!
천하에 쓸모없는 인간이 될 것입니다.

22
사람이 먹어서는 안 되는 음식

무한리필
끝없이 먹을 수도 없지만
먹어서도 안 되는 음식입니다.
그렇게 먹을 수 없다는 것을 알기에 팔기는 하지만
끝없이 채워진다는 말이 얼마나 비인간적인지!

어떻게 사람이 끝없이 채워지는 음식을 먹을 수 있습니까?
그래서는 안 됩니다.
짐승도 적당히 먹으면 그칠 줄 아는데
사람이 그치지 않고 먹어서야!
먹는 것으로는 인생이 채워지지 않습니다.
인류의 아픔은 다
잘 먹고 더 먹으려는 욕심 때문입니다.

세상의 모든 욕심은
먹는 것에서 시작됩니다.
먹을 걸 양보하는 마음은
진리를 위해 목숨을 바치는
순교자만큼이나 거룩합니다.
인간의 모든 시도 중에
가장 인간적인 것은 덜 먹으려는 노력입니다.
무한리필!
그칠 줄 모르고 계속 먹는 것은
개도 닭도 하지 않는 짓입니다.

23
나도 내가 원하는 걸 모른다

나의 생각은 어디서 온 것인가?
내게서 나온 것인가?
밖에서 들어온 것인가?
내가 원하는 것은 나를 위한 것인가?
남을 위한 것인가?
이것이 정말 나를 행복하게 하는 것일까?
아니면 옆 사람을 행복하게 하는 것인가?
남을 통해 흘러온 생각과 욕구가 내 꿈을 만든 것은 아닌가?

정말 내가 원하는 것은 무엇인가?
나에게 이렇게 큰 차가 필요한가?
그렇게 큰 집이 필요한가?
이 많은 살림살이가 필요한가?
이 모든 것이 나를 위한 것인가?

남의 눈을 위한 것인가?
지금 우리가 가진 이 모든 것이
정말 우리에게 필요한 것인가?

나도 내가 무엇을 원하는지 알 수 없다.
내가 정말 원하는 것은 무엇인가?
나를 위해 필요한 것이
지금 내가 가진 것처럼,
내가 소망하는 것처럼
이렇게 많지 않은 것만은 분명하다.

24
서두르지 말라

기말 시험을 치르는 날 구내 서점에 기분 좋은 공고가 붙었습니다.

"이번 학기에 사용한 교과서를 고가에 다시 매입합니다."

사용한 교재를 다시 팔아서 용돈을 마련할 수 있다는 소문이 삽시간에 학생들 사이로 번져나갔습니다. 몇 명의 학생들이 소식을 듣자마자 달려가서 비싼 값에 교재를 팔고 돌아왔습니다. 정말 교재를 비싼 값에 산다는 것을 확인한 일부 학생들은 가격이 떨어지기 전에 교재를 팔기 위해 구내 서점으로 달려갔습니다.

소식을 늦게 접한 학생들이 망설이는 중에 시험이 시작되었습니다. 시험지를 들고 강의실로 들어온 교수님이 학생들에게 말했습니다.

"문제를 내고 보니 너무 어려운 것 같아서 오늘 시험은 교재를 보고 쓸 수 있도록 한다!"

서두르지 말라

급하면 실수합니다. 대부분의 실수가 마지막 마무리를 하지 않고, 한 번 더 확인하지 않아서 일어납니다. 한 번은 실수지만 두 번은 무책임이고 게으름이며, 나쁜 짓이 됩니다. 서두르지 않으면 대부분 실수하지 않습니다. 급할수록 천천히 가라는 말처럼 실수는 서두르는 것을 통해 일어납니다. 빨리 간다고 지갑을 두고 가면 정류장까지 갔다가 돌아오게 됩니다.

무슨 내용인지 확인하기 전에 발표하면 안 됩니다. 충분히 알기 전에 판단하면 안 됩니다. 섣부른 판단과 행동은 일을 그르치게 합니다. 기다릴 수 있으면 끝까지 기다리는 것이 실수하지 않는 비결입니다. 서두르지 말라는 속담은 수백 년도 더 되었습니다. 하지만 여전히 같은 실수는 되풀이되고 있습니다.

왜 서두르게 될까요?

급한 상황이 될 때까지 환경과 자신을 외면하기 때문입니다. 많은 사고와 문제가 방치에서 시작되어 설마로 무르익고 "이럴 줄 알았어!"로 폭발합니다. 할 수 있다면 급한 상황이 오기 전에 찬찬히 주변을 살피는 것이 좋습니다.

물론 살다 보면 의도하지 않은 때에 다급한 상황이 발생합니다. 그때가 침착해야 할 때입니다. 일상적인 상황에서는 조금 서둘러도 되고, 침착하지 않아도 별다른 일은 없습니다. 하지만 갑작스런 상황이 발생하면 가장 먼저 생각을 정리해야 합니다.

교제를 팔아서 용돈을 마련하는 것은 시험을 치른 다음에 해도 되는 일입니다. 남보다 늦게 가면 책값을 덜 받지 않을까 염려가 되긴 하지만 그런 염려보다는 시험을 치르기 전까지는 교재의 활용이 끝난 것이 아님을 알아야 합니다. 학생이 생각해야 할 가장 중요한 문제는 용돈이 아니라 점수입니다. 혹시 늦게 가면 책값을 덜 받지 않을까 생각하기 전에 시험이 혹시 오픈테스트는 아닐까를 생각했어야 합니다.

아나운서가 TV 생방송 뉴스 도중에 쪽지를 전달받았습니다. 쪽지를 살펴보려는 순간 그를 향하고 있던 카메라에 불이 들어왔습니다. 그는 쪽지가 긴급으로 전달된 보도 내용일 것이라고 생각하고는 다급한 목소리로 읽어 내려갔습니다.
"방금 입수된 소식을 전해드리겠습니다! 〈당신 이빨 사이에 고춧가루 끼어 있어!〉"

급한 마음으로 말을 시작하면 실수하게 됩니다.
말하기 전에 먼저 생각해야 합니다.
생각으로 걸러지지 않은 말에는 가시와 독이 섞여 있습니다.
말을 따라 생각하지 말고 생각을 따라 말해야 합니다.
여러 사람이 있는 곳에선 짧게 말하고,
남과 이야기할 때는 내 이야기를 간단히 해야 합니다.
설명이 길어지면 관심이 줄어들게 됩니다.
태어날 때부터 시작해서 오늘까지 다 말하지 말고
오늘 이야기만 하면 됩니다.
결론을 이야기한 후에

시간이 남으면 내용을 이야기해야 합니다.
두 명 중에 한 명만 내 이야기를 듣고 있다면
말을 마칠 때가 된 것입니다.
이야기 도중에 누군가 일어나는 것은
당장 말을 그치라는 신호입니다.
그렇지 않으면 한 사람씩 차례로 일어나서
모두 다 내 앞을 떠나게 됩니다.

화날 일이 있어도 처음부터 화를 내는 것은 일단 실수를 저지르는 것과 같습니다. 화는 가장 느리게, 모든 것이 끝난 후, 마지막 표현이 돼야 합니다. 그리고 그냥 넘어갈 수 있다면 넘어가는 것이 더 좋습니다.

일단 화부터 내는 사람은 바보 중의 바보입니다. 반드시 후회하게 되고, 그 후에 욕도 먹게 되고, 혼자 속상해서 울게 되고, 앞날에 먹구름이 끼게 됩니다. 천천히 충분히 생각하고 가능한 적게 말하고 험악한 상황에선 항상 부드럽게 넘어가야 합니다. 서두르면 반드시 실수하고 후회하게 됩니다.

> 급한 마음으로 노를 발하지 말라 노는 우매한 자들의 품에 머무름이니라 (전도서 7:9)

25
힘을 빼면 다치지 않는다

야구선수 이치로는 인터뷰 중에 자신만의 부상 방지법을 이야기한 적이 있습니다. 부상은 주로 수비 중에 펜스에 부딪치거나 땅에 구르면서 입게 됩니다. 그런 상황이 벌어질 것 같으면 그는 온몸의 힘을 빼고 부딪치거나 땅에 쓰러진다고 합니다. 몸의 힘을 빼면 다치거나 상처 입는 일이 적다는 것입니다.

무술에서도 가장 강력한 파괴력은 힘을 뺀 자세에서 나옵니다. 오랫동안 무술을 연마한 사람들은 공통적으로 힘이 들어가 있지 않을 때 최대의 능력이 발휘된다고 합니다. 고수의 위치에 오르기 위해서는 어떻게 힘을 뺄 것인가를 알아야 합니다.

연주를 잘하는 사람은 세게 치는 사람이 아니라 부드럽고 자연스럽게 치는 사람입니다. 물 흘러가듯 유연하게 연주하는 것이 명연주의 비법입니다. 청중이 편하게 보고 들을 수 있어야 진정한 연주인이라고 할 수 있습니다.

긴장하고 당황하고 서두르는 것은 경험이 부족한 사람의 특징입니다. 대부분의 사고와 문제가 힘이 들어간 초보자에 의해서 발생합니다. 결정적인 순간에는 힘을 빼야 합니다. 일반적인 상황에서는 힘을 키우기 위해 노력하고, 힘을 써서 일을 처리해야 하지만 중요한 순간, 갈등의 순간에는 오히려 힘을 빼야 합니다.

> 눈에서 힘을 빼고
> 목에서 힘을 빼고
> 말에서 힘을 빼고
> 이를 악물지 말고
> 주먹에서 힘을 빼고
> 어깨에 힘주지 말고
> 허리에 손 올리지 마세요.
> 힘으로 되는 것은 거친 싸움뿐입니다.

교통이 불편한 곳에 있는 대학을 다니기 위해 작은 중고차를 사러 간 딸이 마음에 든다는 이유로 연료계가 고장 난 차를 샀습니다. 아빠는 연료를 가득 채운 후 얼마나 달릴 수 있는지를 알아 본 후에 거리를 기억해 두라고 하였습니다.

하지만 딸은 연료를 가득 채울 만큼의 돈을 받으면 조금씩 넣으며 남은 돈을 다른 곳에 사용했습니다. 엄마는 그러다가 외딴 곳이나 밤길에 연료가 떨어지면 위험한 상황에 빠질 수 있다고 경고했지만 딸은 말을 듣지 않았습니다.

학교 일정을 마치고 밤늦게 귀가하려던 딸이 집으로 전화를 걸었습니다. 엄마는 가슴이 철렁했습니다. 하지만 딸은 명랑한 목소리로 자신에게 일어난 일을 설명했습니다.

"엄마! 내 차를 누가 훔쳐 갔어!"
"연료가 떨어진 건 아니고?"
"응 수업을 마치고 나오니까 차가 없더라고! 내가 주차 장소를 기억 못하는지 알고 여기저기 다녀 봐도 차가 없는 거야! 그래서 바로 경찰에 신고를 했지!"
"그나마 밤길에 오다가 연료가 떨어진 게 아니라서 다행이구나!"
"어! 그런데 조금 전에 경찰이 차를 찾았다고 전화를 했어!"
"그래? 어떻게 그리 빨리 찾았니?"
"학교에서 조금 떨어진 곳에서 기름이 떨어진 채 발견 됐어!"

때로는 빈 잔이 다행인 경우도 있습니다. 잔을 너무 가득 채우면 흘러넘치게 됩니다. 넘치는 잔에서 한 모금 먹으려다 옷 버리고, 기분 버리고, 세탁비 날리게 됩니다. 어떤 그릇이든 가득 채우면 조금만 실수해도 넘치게 됩니다. 주머니가 가득 차면 맵시가 나지 않습니다. 불룩한 주머니는 꼴불견이 됩니다.

인생도 너무 가득 채우면 흘러넘치게 됩니다. 원하는 것을 다 갖는다고 풍성해지는 것은 아닙니다. 오히려 더 큰 공허감에 휘말리게 됩니다. 짐이 많으면 쉽게 지치게 됩니다. 삶이 피곤한 것은 너무 많은 것을 가졌기 때문입니다.

당장 필요하지 않은 것은 사지 말고,

즉시 해결해야 할 문제가 아니면 근심하지 말고,

활기찬 인생을 살기 위해서는 채우기보다 내려놓기를 잘해야 합니다.

언제 어디서 자신의 짐을 내려놓을지를 아는 것이 가뿐한 삶의 비결입니다.

아무리 채울 게 없어도 걱정 근심으로는 인생을 채우지 마세요!

인생에 짐을 지우지 않으면 힘쓸 일도 거의 없습니다.

힘도 넘치면 쓸데없는 곳에 쓰게 됩니다.

인생 고수는 삶에서 힘을 빼야 할 순간을 아는 사람입니다.

목이 곧은 사람은 갑자기 패망을 당하고 피하지 못하리라 (잠언 29:1)

26
후회하지 않으면 행복하다

내가 앉은 자리보다 더 좋은 자리는 없다.
내가 가진 것보다 더 좋은 것은 없다.
내가 먹는 것보다 더 맛있는 것은 없다.
나보다 더 좋은 인생을 사는 사람도 없다.
한 평이면 잠자고 일어나기에 조금도 부족하지 않다.
한 그릇이면 충분히 배부르다.
설탕은 한 숟갈이면 충분하다.
단체 주문에서 짜장면시키고
짬뽕 가져가는 사람은 먹으면서 후회한다.
짜장면이나 짬뽕이나 더 좋은 건 없다.
내가 먹는 것이 제일 좋다.
아무거나 먹는 사람이 행복하다.
아무거나가 행복의 비결이다.
후회는 과거와 현재와 미래를 괴롭히는 망령이다.

무엇을 선택해도 후회하는 사람이 있고, 무엇이든 받아들이는 사람이 있습니다. 후회하는 사람은 절대 행복할 수 없습니다. 후회는 사람을 불행할 수밖에 없는 운명을 살게 만듭니다. 아주 많은 사람들이 걱정합니다.

"내가 나중에 후회하면 어떻게 하지?"

그럴 필요 없습니다. 후회는 안 하면 됩니다. 갈림길에서 선택한 것은 실수나 후회할 일이 아니라 받아들여야 할 운명입니다. 어려운 길은 체력과 담력을 길러 줍니다. 쉬운 길이 행복이 아니라 힘든 길이 행복입니다.

군대의 훈련 과정 중에는 사병 코스와 장교 코스가 있습니다. 사병 코스를 통과한 사람은 장교가 될 수 없습니다. 장교 코스를 수료해야 장교가 됩니다. 장교들이 훈련받는 과정은 두 배로 어렵습니다. 험한 길은 인격과 체력을 가다듬고, 쉬운 길은 요행을 바라는 기회주의자가 되게 합니다.

선택하고 나서 후회하는 것은 운명을 거부하는 것과 같습니다. 내가 선택한 것은 나의 운명입니다. 선택하기 전에 죽을 것처럼 고민하고, 선택 한 후엔 운명처럼 생각해야 합니다.

후회는 욕심입니다. 후회가 잦은 사람은 욕심이 많은 사람입니다. 모든 것을 자기 뜻대로 하려는 욕심, 더 나은 것만 가지려는 욕심이 후회를 만들어 냅니다.

후회하지 않으면 누구라도 행복합니다. 먹기 싫으면 안 먹는 것처럼 후회는 안 하면 됩니다. 대신 모든 것을 포용하면 됩니다. 후회할 것을 걱정해서 아무런 시도를 하지 못하고 망설이다 기회를 놓치게 됩니다. 단 한 번도 후회하지 않는 인생을 살고 싶다면 아무것도 결정하지 말고, 어떤 것도 시작하지 않으면 됩니다. 그리면 아무짝에도 쓸모없는 인생이 됩니다.

후회 하는 것도 안 하는 것도 자신이 하는 것입니다. 후회하지 않기로 결심하면 안 할 수 있습니다. 후회하지 않으면 무슨 일을 해도 행복할 수 있습니다. 후회할 건지 아닌지는 주어지는 것이 아니라 스스로 결정하는 것입니다.

미국의 첫 여성 하원의장인 낸시 펠로시(Nancy Pelosi)는 의원 초기에 알아보는 사람이 없었습니다. 여성 의원이 드문 시대였기에 국회 안에서 경비원들에게 일반인이 들어갈 수 없는 곳에선 출입을 제제당하는 일을 겪곤 하였습니다. 그때마다 그녀는 자신의 신분을 밝혀야 했습니다.

"나는 캘리포니아 의원 낸시 펠로시입니다."

그러면 경비원들은 신원을 확인한 후 사과와 함께 그녀가 들어갈 수 있도록 하였습니다.

어느 날, 낸시 펠로시가 다른 의원과 토론을 벌이는 도중에 그가 갑자기 일어나더니 장소를 옮기는 것이었습니다. 그와의 토론을 매듭짓기 위해 낸시가 그를 따라갔습니다. 두 사람의 심각한 대화는 걸으면서 계속 이어졌습니다.

마침내 상대 의원이 낸시에게 그만 따라오라는 손짓을 하고는 작은 문으로 들어갔습니다. 하지만 그녀는 망설이지 않고 그를 따라 작은 문으로 들어가려 했습니다. 그러자 이번엔 경비원이 나서며 그녀를 가로막았습니다.

"여긴 들어가시면 안 되는데요!"

낸시가 경비원을 향해 단호한 어조로 이야기했습니다.

"나는 캘리포리아 하원 의원 낸시 펠로시입니다. 국회 안에서 내가 들어갈 수 없는 곳은 없습니다!"

그러자 경비원이 난처한 표정을 지으며 대답했습니다.

"그렇긴 하지만 의원님! 여긴 남자 화장실입니다!"

아주 많은 사람들이 가지 않은 길에 대한 미련을 가지고 살아갑니다. 그러나 그 못 가본 길이라고 해 봐야 남자 화장실 정도입니다. 모든 길을 다 갈 수 있는 사람은 없습니다. 세상의 모든 길 중에 반드시 가야 할 길이 있다면 내가 선택한 나의 인생길입니다.

남자 화장실이 어떻게 생겼는지 궁금해서 참을 수 없다면 청소부가 되든지 시골 남녀 공용 화장실을 들어가 보면 됩니다. 들어가 보면 별다를 것 없다는 것을 알게 됩니다. 가지 못한 길에 대한 미련은 남자 화장실 정도입니다.

내가 선택한 길이 나의 운명입니다.
후회가 아닌 살아 내는 것이 내 인생의 사명입니다.
다른 길로 갔어도 나는 지금의 자리로 왔을 것입니다.
내 인생은 후회할 것 없는 나의 운명입니다.
다른 길로 갔으면 더 잘 살았을까요?

아닙니다. 더 못 살았을 확률이 높습니다.

내 인생의 자리는 후회할 자리가 아니라 즐겨야 할 자리입니다.

27
더 나은 것을 선택하라

절대 후회하지 않는 선택의 비결은
선택하고 절대 후회하지 않는 것입니다.
모든 순간 가장 좋은 것을 선택하면 되고,
선택한 후엔 운명으로 받아들이면 됩니다.
남들이 무얼 선택했는지는 중요하지 않습니다.
어느 것이 비싼 건지도 중요하지 않습니다.
크고 작은 것, 싸고 비싼 것보다
정말 나에게 필요한 것인지를 생각하면 됩니다.
죽고 싶은 사람에게 상품권은 아무런 의미가 없습니다.
화난 사람에게 신제품은 최신형 무기일 뿐입니다.

많은 사람이 성공하기 위해 불행한 삶을 살고 있습니다.
남들만큼 안 되면 살 만해도 행복하지 않습니다.
성공하면 행복할 것처럼 말하고,

소원을 이루면 아무 문제 없을 것처럼 생각합니다.
하지만 성공해도 저절로 행복하지 않고,
소원을 이루어도 문제는 그대로입니다.
더 심한 경우는 성공인 줄 알았는데 실패이기도 합니다.
경제적으로, 학문적으로, 사회적으로, 정치적으로는 성공하고
가정적으로, 인간적으로 인생에서는
실패한 사람들이 많습니다.
"성공하더니 완전 딴사람이 됐어!"
우리 주변에서 흔히 듣는 이야기입니다.
그런 사람에게 성공은 오히려 실패입니다.
무엇을 기준으로 보느냐에 따라 결과가 달라집니다.

요양원을 운영하는 지인에게서 들은 이야기입니다. 자신들의 부모를 돌보고 있는 요양원을 찾아오는 사람들은 두 부류로 나뉜다고 합니다. 먼저는 자기들 대신 부모를 돌봐주는 것을 고마워하며 바리바리 선물을 싸가지고 오는 사람들이 있습니다.

반면 그와는 다르게 고맙기는커녕 치매 환자인 부모의 정신없는 소리를 듣고 따지고, 고소하는 사람들이 있습니다. 그런 사람들의 특징은 자신들이 부모를 모실 때 상상도 할 수 없는 서비스를 요구합니다. 그들이 자주 하는 말은 "국가에서 보조금을 받아먹지 않느냐?"는 것입니다. 그런 이야기를 하면서 지인은 두 부류의 사람들을 간단히 정리해 주었습니다.

"다는 아닌데 자기 부모를 맡기고 일 년에 한두 번 와서 호통치

절대 후회하지 않는 선택의 비결은
선택하고 절대 후회하지 않는 것입니다.

모든 순간 가장 좋은 것을 선택하면 되고,
선택한 후엔 운명으로 받아들이면 됩니다.

고 따지는 것들은 다 배운 사람들이야! 성공해서 고급 승용차 타고 나타나는 것들은 반드시 고발한다고 소리치고 가고, 트럭이나 작은 차를 타고 오는 사람들은 못 배운 사람들이야. 와서 얼마나 고마워하는지 몰라. 교육이 사람을 만드는 것이 아니라 사람을 망치는 것 같아! 많이 배운 사람들일수록 약아빠지고 인정머리 없다니까?"

과연 무엇이 더 나은 것일까요?

많이 배우고 성공해서 자기 권리를 찾아 먹기 위해 큰소리 치는 사람과 배운 게 없어서 구차하게 살지만 인정이 가득한 사람 중에 누가 더 나은 것일까요?

물론 많이 배우고 인정도 가득하면 더 바랄 것이 없습니다. 하지만 둘 중에 하나만을 선택해야 할 기로에 서 있다면 어떻게 하겠습니까?

인간적인 선택은 물리적인 손실을 감수해야 합니다. 하지만 현대인들은 알면서도 비인간적인 성공을 선택합니다. 그리고 그 후유증으로 각종 정서 후유증에 시달립니다.

우리 시대에 점점 신경성 질병들이 많아지는 이유는 그런 인간적인 것보다 물리적인 것들을 선호하기 때문입니다. 사람보다 돈을 더 중시하면 사람은 소외될 수박에 없습니다. 이름도 알기 어려운 각종 정서장애들은 인간적인 성공이 아닌 무작정 성공을 선택한 결과입니다.

정말 나는 내 인생을 위해 더 나은 것을 선택하며 살고 있습니까? 친구와의 관계를 위해 물리적인 손실을 감수할 수 있다면 주머니는 가벼워도 정서는 풍성할 수 있습니다.

　모든 순간 인생을 위해 더 나은 것을 선택할 수 있다면 인생은 분명히 행복할 수 있습니다. 하지만 차선을 선택한다면 인생은 행복하지 않을 수도 있습니다. 그리고 최악을 선택하면 인생은 대부분 불행의 연속이 될 것입니다.

　우리는 세상살이에서 어떤 상황에 처하게 될지 알 수 없지만 모든 상황에서 항상 행복을 선택하면 행복은 내 주위에 머물러 있을 것입니다. 더 나은 것을 선택하면 인생은 조금씩 나아질 것입니다.

28
잘못 산 물건은 빨리 치워라

"왜 이혼하려는 겁니까?"
판사가 남편에게 물었습니다.
"아내가 침실에서 염소를 기르겠다는 겁니다. 냄새가 어찌나 고약한지 이제 더 이상 참을 수가 없습니다."
판사가 이혼을 만류하기 위해 남편을 달랬습니다.
"창문을 열어 놓으면 냄새가 좀 덜하지 않을까요?"
판사의 말을 듣고 남편이 깜짝 놀라며 소리쳤습니다.
"네? 그럼 내 비둘기들이 다 날아가 버리라고요?"

화가 나는 물건을 가지고 있으면 화는 좀처럼 줄어들지 않습니다. 화를 유발시키는 물건은 보이지 않도록 해야 합니다. 문제가 되는 물건을 가지고 있으면 문제는 해결되지 않습니다. 값이 나가는 물건일지라도 정신 건강을 해치는 물건은 처리해야 합니다. 팔아 치울 수 있다면 팔고, 그럴 수 없다면 내다 버리기라도 해야 합니다. 물건으로 생긴 문제는 원인을 제거하는 것이 가장 좋은 방법입니다.

사람 사이에서 문제를 일으키는 것들이 있으면 그것이 무엇이든 빨리 없애야 합니다. 아픈 추억을 떠오르게 하거나, 얄미운 대상을 생각나게 하는 것들은 부정적 정서의 매개체가 됩니다. 그 물건이 눈앞에 존재하는 한 아픔은 사라지지 않습니다.

아무리 값비싼 물건이라고 해도 마음을 상하게 할 만큼, 관계를 불편하게 할 만큼 비싸지는 않습니다. 물리적인 것의 가치는 정서적인 가치보다 한 수 아래입니다. 결정의 순간에 정서적 가치보다 물리적 가치를 선택하는 것은 인생의 가치체계를 하극상으로 뒤집는 것입니다. 아래 있어야 할 것이 위로 올라오게 되면 부작용이 일어나는 것은 당연한 결과입니다.

현대의 사회구조는 대부분 물리적인 가치로 연결되어 있습니다. 그로 인해 오늘날 우리는 수많은 정서적 부작용을 겪으며 살아가고 있습니다. 그런데 이러한 부작용이 개인의 삶에서도 일어나고 있습니다.

남보다 좋은 것을 갖기 위해 양심을 속입니다. 남의 점수를 깎아내려서 내 점수를 올리고, 남의 주머니로 들어가야 할 돈을 가로채기 위해 편법을 만들어 냅니다. 그리곤 평생 원망의 눈초리에 시달리며 살아갑니다.

비난과 원망의 눈길을 의식하며 사는 삶이 행복할 수 없는 것은 당연한 결과입니다. 이러한 정서의 결핍이 양심과 도덕 대신 물질을 선택한 결과입니다. 행복할 수 없는 것을 선택한 후에 행복하지 않다고 불평하는 것이 오늘날 우리의 현실입니다.

물건에 대한 미련은 빨리 버리는 것이 행복의 비결입니다. 인생의 소망은 물리적인 것 위에 있어야 합니다. 남이 가진 것을 탐내지도 말고, 꿈꾸지도 마십시오. 그것으로는 한순간 기분이 좋아졌다가 오랜 시간 동안 부정적 정서로 시달리게 됩니다. 꿈과 소망은 인격적이고 인간적이어야 합니다.

기분 나쁜 물건, 가치관을 추락시키는 요소, 사람 사이를 갈라놓는 물건들은 빨리 버리는 것이 좋습니다. 버리지 못하는 이유가 무엇입니까? 아까워서, 비싸서, 혹시나 필요할지 몰라서?

어떤 이유든 부정적 인식과 연결되어 있는 것은 보이지 않는 곳에 두는 것이 가장 좋습니다. 치울까 말까 망설이는 것은 필요한 것이 아닙니다. 필요할 수도 있다는 착각에 빠진 상황입니다.

인생은 있으면 있는 대로, 없으면 없는 대로 살게 됩니다.
불편한 것은 몸이 적응할 때까지입니다.
새로운 것으로 기분 좋은 건 익숙할 때까지입니다.
있고 없는 것으로 사람은 행복하지 않습니다.
안정된 정서로 행복합니다.
적응하면 있는 거나 없는 게 같고,
새 거나 헌 것도 같습니다.
새 것은 적응하는 기간이 끝나면

더 이상 새 것도 아니고 좋은 것도 아닙니다.

새로 사온 물건이 마음에 들지 않거나 속아서 샀다면 사온 값이 아까워서 눈앞에 두고 불편한 심기로 살아갑니다. 얼마나 더 괴로워야 사온 값을 뺄 수 있을까요? 그래봐야 값을 빼기는 고사하고 기운만 빠지게 됩니다.

잘못 산 물건은 즉시 다른 것으로 바꾸거나, 먹어 치우거나, 옆집에 주는 것이 낫고, 여의치 않으면 내버리기라도 해야 합니다. 아쉬운 마음에 보기 싫은 것을 정리하지 못하면 두고두고 괴롭고 볼 때마다 기분이 나빠집니다.

물건의 가치와 정서 손실의 가치 중 어느 것이 더 클까요? 있어도 살고 없어도 살 수 있는 물건으로 마음을 힘들게 하는 것이 과연 잘하는 일일까요? 버리고 행복할 수 있다면 빨리 버리는 것이 좋습니다.

29
기술이 행복이다

그리는 기술,
말하는 기술,
담그는 기술,
자르는 기술
두드리는 기술,
한 가지 기술만 있으면
한평생을 먹고 살 수 있습니다.
기술 하나가 한평생의 행복입니다.

초보자는 망치로 자기 손을 때립니다.
살살 치면 일주일,
세게 치면 한 달을 고통 속에 살아야 합니다.
이렇게 살아야 해?
푸념해 보지만 그렇게 살 수밖에 없습니다.

망치로 손을 때리는 건

기술이 없기 때문입니다.

기술이 부족하면 난처한 일을 당하게 됩니다.

연습하고 익숙해지면

망치로 손을 때리는 불행은 예방할 수 있습니다.

기술이 행복입니다.

기계가 고장 나서 공장이 멈췄습니다.

여러 사람이 나서서 열심히 고쳐 보았지만

아무도 고칠 수 없었습니다.

결국 기술자를 불러야 했습니다.

그는 하루 종일 기계를 살피고 돌아다녔습니다.

저녁때가 돼서 딱 한 군데를 망치로 내리쳤습니다.

멈췄던 기계가 돌아가기 시작했습니다.

그렇게 간단한 것을 아무도 고치지 못한 것입니다.

기술자는 수리비로 50만원을 청구하였습니다.

망치 한 대에 50만원이라니?

너무 비싸다고 하였습니다.

기술자가 대답했습니다.

"나는 그 한 대를 때리기 위해 수십 년 동안 기계를 뜯고 다시 맞추는 일을 반복했습니다. 남들이 보기엔 간단한 것 같지만 그것은 수십 년 동안 기술을 터득한 결과입니다. 기술이 없으면 500만 원이 들어도 고칠 수 없습니다."

공장장은 50만원에 식사비를 더해서 수리비로 지불하였습니다.

생활의 달인에서 타이어를 굴리는 사람과 드럼통을 굴리는 사람을 보았습니다.
두 사람은 미치도록 굴리고 싶다고 하였습니다.
그리고 그 굴리는 기술이 두 사람을 유명하고 행복하게 만들었습니다.
기술이 있으면 행복합니다.
연습하면 기술이 됩니다.
행복은 연습을 통해서도 얻을 수 있습니다.
밥상 배달하기,
수박 던지고 받기,
빵 상자 배달하기,
신문 배달하기,
기술이 쌓이면 행복이 됩니다.
밥 잘하는 사람은 밥할 때 행복하고,
일 잘하는 사람은 일할 때 행복합니다.
다 잘하는 사람도 없고 다 잘할 필요도 없습니다.
뭐든 잘하는 게 하나만 있어도 행복합니다.

행복은 살면서 배우는 것입니다.
불행을 배우는 사람이 있고
행복을 배우는 사람이 있습니다.

경험이 없으면 실수합니다.
실수를 통해 경험이 쌓입니다.
경험이 쌓이면 기술이 됩니다.
기술을 가진 사람은 행복합니다.
실수도 행복입니다.

제3부

땡전 한 푼 없이 행복하라

30
살아 있으면 행복이다

혼로 외롭게 사는 할머니가 아들의 전화를 받았습니다. 방학 동안 아이들을 보내겠다는 내용이었습니다. 쓸쓸하던 차에 손주들과 함께 지내게 되었다는 생각에 할머니는 기분이 좋아졌습니다. 교회갈 때마다 천 원씩 헌금을 드리던 할머니는 1만 원을 봉투에 넣어서 감사헌금을 드렸습니다.

목사님은 할머니의 감사헌금 내용을 보고 축하해 주었습니다. 그런데 방학 동안 함께 지내게 될 줄 알았던 아이들이 일주일 만에 집으로 돌아가 버렸습니다. 목사님은 할머니의 기대가 실망으로 바뀌었을 것을 염려하며 어떻게 위로해야 할까 생각했습니다. 할머니는 당분간 천 원씩 드리던 헌금도 드리지 않을 것입니다.

그런데 아이들이 떠난 다음 할머니는 감사헌금으로 2만 원을 드렸습니다. 아이들과 일주일을 지낸 할머니는 혼자 지내는 것이 얼마나 평온한 삶이었는지 알게 되었기 때문입니다.

자식들이 다 떠난 고향 집에서 혼자 사는 것을 불행하다고 생각하던 할머니는 어린 손자들과 일주일을 지낸 다음에야 비로소 혼자 지내며 자기가 하고 싶은 일을 마음대로 하고 사는 것이 얼마나 감사한것인지를 깨달았습니다.

지금 우리가 살고 있는 오늘이라는 시간은 어제 죽은 사람이 간절히 바라던 내일이었습니다. 심각한 어려움에 빠졌던 사람들은 모두 하루하루의 일상이 얼마나 행복한 순간인지를 이야기합니다.

중병으로 병실을 떠나지 못하는 사람에게는 공해 가득한 도시의 공기도 상쾌하고, 떠밀리는 거리의 혼잡함도 행복입니다. 고향으로 돌아갈 수 없는 사람에게 한 번도 고향을 떠나지 않고 사는 사람의 일상은 행복 자체입니다.

있을 땐 있는 것이 얼마나 행복한지 모르다가 없어지고 나면 비로소 그것이 행복이었다는 것을 알게 됩니다. 특별할 것 하나 없는 지루하고 평이한 삶이 얼마나 행복한 생활인지는 문제에 휩싸인 사람을 보면 알 수 있습니다.

바라는 것을 얻는다고 행복한 것도 아니고 소망을 이루지 못했다고 불행한 것도 아닙니다. 불행한 사람은 항상 불행하고, 행복한 사람은 항상 행복합니다. 이 정도면 행복하다고 생각하는 사람에겐 모든 날이 행복하고 아직 멀었다고 생각하는 사람에겐 모든 날이 불행입니다. 그는 없을 땐 있어야 행복하다고 생각하고, 있을 땐 없는 게 낫다고 생각하기 때문입니다.

없는 건 없는 게 낫다고 생각하면 없어도 행복하고, 있을 땐 있는 게 낫다고 생각하면 있어도 행복합니다. 이것도 행복이고 저것도 행복이고, 지금도 행복이고 어제도 내일도 행복입니다.

인생은 특정한 날들로만 이루어지는 것이 아닙니다. 특별한 날은 인생에서 단 며칠뿐입니다. 그리고 대부분의 날들은 그저 그런 날들로 이루어집니다. 별 것 없는 날들을 살다 보면 특별한 날들이 생기게 됩니다.

운 좋은 날은 운 없는 많은 날들 중에 하루이고, 합격한 날은 오랫동안 준비한 날들의 결과이고, 의미 없는 많은 날들 가운데서 의미 있는 날 하루가 만들어집니다. 성과 없이 낭비한 것 같은 날과 실수하고 넘어진 날, 뜻대로 되지 않는 날과 불행한 날들도 인생을 이루는 똑같은 날입니다.

인생은 그 모든 날을 통해 이루어집니다. 항상 좋은 날만 있는 것은 인생이 아닙니다. 항상 성공하는 날만 있는 것도, 항상 의미 있는 날만 있는 것도 정상적인 인생은 아닙니다. 인생은 모든 날을 통해 이루어집니다.

어린 물고기가 바다를 찾아다녔습니다. 갈치와 거북이와 고래와 새우를 만나서 물었습니다.
"바다가 어디 있어요?"
어린 물고기의 질문을 듣고 모두가 한결같이 대답했습니다.
"이곳이 바다야!"

어린 물고기가 다시 물었습니다.

"아니에요! 뭔가 더 근사한 곳이 있을 거예요! 이건 그냥 물이잖아요!"

결국 어린 물고기는 바다를 찾지 못하고 바다에서 성장하며 방황하다 죽었습니다.

수도사가 하나님을 찾아 여러 사원을 떠돌아다녔습니다. 그는 만나는 사람들에게 세상 모든 곳을 다 가 보았지만 하나님을 찾지 못했다고 이야기했습니다.

그는 처음 자신을 가르쳤던 스승을 찾아가 하나님을 어디서 찾을 수 있냐고 물어보았습니다.

"세상이 하나님의 품일세! 자네가 숨 쉬고 있는 이 공간, 새와 나무와 하늘과 노을과 태양과 달과 별이 있는 곳, 길 위에 차가 달리고 사람이 움직이고 있는 세상이 하나님의 품일세. 하나님의 품 안에서 하나님을 찾아다녔다고? 가만히 머물러 눈을 뜨고 보면 바다가 보이고 하나님이 보일 걸세!"

사람들은 행복 속에서 행복을 찾습니다. 이 정도면 행복한데 이 정도보다 더 한 행복을 찾습니다. 자신을 불행하다고 생각하는 사람도 남들의 눈에는 얼마나 행복해 보이는지요!

내가 보면 나 빼고 모든 사람이 다 행복해 보이듯이 남들이 나를 보면 나도 충분히 행복한 사람입니다. 남의 눈엔 내가 행복하고 나의 눈엔 남이 행복합니다. 그런 이유는 우리 모두가 행복한 순간을 살고 있기 때문입니다.

> 모든 산 자들 중에 들어 있는 자에게는 누구나 소망이 있음은 산 개가 죽은 사자보다 낫기 때문이니라 산 자들은 죽을 줄을 알되 죽은 자들은 아무것도 모르며 그들이 다시는 상을 받지 못하는 것은 그들의 이름이 잊어버린 바 됨이니라 (전도서 9:4-5)

구약성서의 한 구절입니다. 아직 세상과 연결되어 있으면 기회는 남아 있습니다. 살아 있다면 적어도 아직 죽는 일 한 가지는 남아 있습니다. 죽는 것 말고도 무엇이든 시도할 수 있습니다.

뭐든 할 수 있는 기회가 있다는 것은 충분히 행복할 수 있다는 것을 의미합니다. 아무것도 할 수 없이 그저 소망하는 것만으로도 사람은 행복할 수 있습니다. 살아 있는 모든 순간, 오늘, 지금이 행복입니다

인생은

그 모든 날을 통해

이루어집니다.

31
잡을 수 없는 것은 내 것이 아니다

스포츠카를 타고 시골길을 달리던 남자가 백미러를 보다가 흙먼지를 일으키며 빠른 속도로 다른 차들을 제치고 달려오는 물체를 발견했습니다. 경쟁심리가 발동한 그는 뭔지 모르는 물체에게 추월당하지 않기 위해 속도를 올렸습니다.

하지만 뒤에서 달려오던 그것은 곧 남자의 차를 따라잡았습니다. 도대체 무엇이 이렇게 빠른가 해서 고개를 돌려 보니 그것은 커다란 수탉이었습니다. 남자의 스포츠카 옆으로 다가온 수탉이 힐끔 고개를 돌려 가로소운 눈빛을 던지더니 속도를 내서 앞으로 달려 나갔습니다.

기가 막힌 남자는 수탉이 어떻게 저런 속도를 낼 수 있는지 알아보기 위해 닭 주인을 수소문해서 찾아갔습니다. 차보다 빨리 달리는 수탉의 주인에게 100만 원을 줄 테니 닭을 팔 수 없냐고 물었습니다. 닭 주인은 팔 수 없다고 했습니다. 닭을 반드시 사야겠다고 생각한 남자는 천만 원을 줄 테니 팔라고 했습니다. 하지만 수 닭 주인은 고개를 저으면 그럴 수 없다고 했습니다.

거래 금액은 점점 올라서 이천만 원, 5천만 원으로 오르다가 결국 남자는 자신의 스포츠카를 준다는 말까지 하며 닭을 팔라고 하였습니다. 하지만 닭 주인은 여전히 고개를 가로저었습니다. 아무리 해도 팔려고 하지 않는 수탉 주인에게 남자가 화를 내며 닭을 팔지 않는 이유가 도대체 뭐냐고 물었습니다. 그러자 남자가 간단히 대답했습니다.

"아, 잡혀야 팔죠! 선생님 차보다 빠른 놈을 어떻게 잡아요! 내가 주인인 건 맞지만 나도 어쩔 수 없다구요!"

잡을 수 없는 것은 사람의 소유가 될 수 없습니다. 잡을 수 없는 물건도 사람의 소유가 될 수 없습니다. 세상의 어떤 사람도 바람을 잡을 수 없습니다. 바람이 사람에게 잡히면 이미 바람이 아니기 때문입니다.

사람이 잡을 수 없는 것은 바람만이 아닙니다. 사람이 소유한 어떤 물건도 사실은 사람의 소유가 될 수 없습니다. 시간이 흐르면 모든 것은 낡고 변질되서 본래의 가치를 잃게 되고 본연의 기능을 상실하고 쓸모없는 물건이 되어 쓰레기가 됩니다.

그러므로 아무리 좋은 것을 가졌을지라도 조금만 지나면 그것은 버려지거나 의미 없는 것, 쓸모없는 것이 됩니다. 그리곤 사람에게서 떠나가거나 버려지게 됩니다. 사람이 영원히 소유할 수 있는 물건이란 없습니다. 잠시 빌려서 쓰고 있을 뿐입니다. 그리고 모든 것은 자연으로 돌아갑니다.

세상의 모든 만물은 아무것도 서로를 소유할 수 없고 소유되지도 않습니다. 서로에게 필요할 때 잠시 빌려 주고, 빌려 쓰고 있을 뿐입니다.

"넌 내거야!"

이런 말 하지 마세요! 사람은 물건 하나도 소유할 수 없는 존재입니다. 그런데 한 낱 물건과는 비교도 할 수 없는 고귀한 사람의 생명과 영혼을 소유하려고 하는 것은 인간의 능력 이상을 추구하는 지나친 욕구입니다. 그저 함께 있는 동안 감사하고, 서로에게 필요한 대상으로 살아가고 있는 것을 다행으로 생각하면 됩니다.

사람이 물건보다 중요하다는 것은 누구나 아는 사실입니다. 그런데 사람이 물건을 소유하기 위해 자신 뿐 아니라 남을 해치는 경우가 허다합니다. 친구의 소품, 옆집 물건, 남의 것을 빼앗기 위해 거짓말도 하고 싸우기도 하고 지나친 경쟁을 할 때도 있습니다. 1등과 금메달을 위해 병이 들만큼 집착하고, 죽을 만큼 경쟁합니다. 그렇게 해서 얻는 것이 과연 생명을 걸만큼 가치 있는 것일까요?

소품과 물건들은 일정 기간 삶을 장식하는 도구에 불과합니다. 그런 것들은 삶의 중심도 목적도 아닙니다. 그러한 것을 모으기 위해 몸을 해롭게 하거나 인격을 상실하는 것은 인생의 가치를 떨어뜨리는 일이 됩니다.

세상의 모든 물건은 일어났다 사라지는 바람처럼 세월을 따라 사라질 것들입니다. 우리의 삶에 남아야 하는 것은 물건이 아니라 사람입니다. 사람을 통해 물건을 남기지 말고 물건을 통해 사람을 남기는 것이 인생의 목적입니다. 소유한다는 것이 어떤 의미인지 생각하는 시 하나를 소개합니다.

산은 나의 정원
바다는 나의 수영장
들판은 나의 산책로
에베레스트가 나의 것이고,
하와이 해변이 나의 것이다.
그것들은 언제나 나를 위해 그곳에 있다.
나는 마음만 먹으면 그곳을 거닐 수 있다.
다만 내가 관리하기에는 비용도 많이 들고 힘에 부쳐서
관리할 능력이 될 만한 사람에게 기증했을 뿐이다.
그들은 내 마음에 들지 않게 관리하고 있지만
사사건건 간섭하면 기분 나쁠 것 같아서 그만두기로 했다.

대한항공도 내 것이고 아시아나도 내 것이다.
항공사를 운영하는 것이 얼마나 복잡한지
나는 골치 아픈 것이 싫어서
잘 운영할 사람들에게 비행기들을 나누어 주었다.

나는 참 부자다.
그 모든 것을 다 가졌지만

밥 세 끼만 먹고 살기로 결심했다.
나는 내 것에 대해 마음을 비우기로 했다.
누구라도 내 산을 구경하고 싶으면 그러라고 했고,
내 비행기를 타고 싶으면 타라고 했다.
그래서 많은 사람들이 매일 나의 산에 오르고
내 비행기를 돈을 내고 탄다.
나도 역시 내 비행기를 탈 때면
고생하는 사람들을 위해 수고비를 준다.

어떤 산은 너무 많은 사람들이 몰려서
구청에서 폐쇄했다.
내가 할 일을 그들이 대신하며
욕도 대신 먹어 준다. 참 고맙다.

전 세계에 흩어진 나의 산과 들과 바다를
각각 맡은 사람들이 얼마나 잘 관리하는지
나는 가끔 그곳에 들러
약간의 수고비를 주고 구경만 하고 오면 된다.
때로는 내가 시키지 않은 일까지 하며
최선을 다하는 그들의 모습에 나는 감동을 받는다.

세상 모든 것이 나의 것이었지만
나에게 필요한 것은 하루 밥 세 끼

한 번에 한 끼면 충분하다는 것을 알고부터
나는 산과 들과 강과 바다를 나누어 주었다.
그들은 내가 준 것을 자기 것처럼
즐거운 마음으로 돌보고 있다.
내 대신 세금도 내고 청소도 하고, 수리도 하며 정성으로 돌본다.
나는 내가 원하는 때에 아주 적은 비용으로
내 정원과 바다와 들판이 잘 있는지 살펴볼 수 있다.

내가 해 아래에서 큰 폐단 되는 일이 있는 것을 보았나니 곧 소유주가 재물을 자기에게 해가 되도록 소유하는 것이라 그가 모태에서 벌거벗고 나왔은즉 그가 나온 대로 돌아가고 수고하여 얻은 것을 아무것도 자기 손에 가지고 가지 못하리니 이것도 큰 불행이라 어떻게 왔든지 그대로 가리니 바람을 잡는 수고가 그에게 무엇이 유익하랴 (전도서 5:13, 15-16)

32
불행도 행복이다

일본의 정신과 의사 나카이 히사오(中井久夫) 교수는 입원했던 환자가 사회로 복귀할 수 있을 만큼 건강해졌는지를 판단하는 객관적 기준표를 만들어서 간호사들에게 배포 해 주었습니다.

* 싫은 일을 자연적으로 나중으로 미루는 능력
* 가능하면 그만두고 싶다고 생각하는 능력
* 혼자서 있을 수 있는 능력
* 둘이서 있을 수 있는 능력
* 거짓말하는 능력
* 적당히 타협하는 능력
* 고집을 부리지 않는 물러 터진 능력
* 하지 않으면 안 된다고 하는 기분에 대항할 수 있는 능력. 안 할 수 있는 능력

* 정신을 무리하게 통일시키지 않는 능력. 적당히 끝내는 능력

이런 능력이 없으면 정신 병원을 퇴원할 수 없는 사람입니다. 대부분의 사람들은 이런 것들로 인해 갈등하며 고민하고 사는데 이러한 고민과 갈등이 사회생활을 정상적으로 할 수 있는 요소가 됩니다.

실수하고, 틀리고, 게으르고, 미루고, 적당히 타협하고, 집중 못하는 일이 행복한 삶의 소재가 됩니다. 불행이라고 생각하고 있는 것들이 사실은 행복의 요소일 수 있습니다. 집중력이 없어서 속상할 수 있으나 오히려 집중력의 부족이 행복일 수 있습니다.

끈기가 없어서 불행한 줄 알았는데 하기 싫은 일을 나중으로 미루는 것도 정상인이라는 증거가 됩니다. 그러므로 우리가 겪고 있는 일상적으로 일어나는 현상들이 모두 행복의 조건이 되고, 불행이라고 생각했던 것들이 사실은 행복의 바탕을 이루는 것들입니다.

존재하는 모든 것은 행복의 재료입니다.
어린아이는 단맛에 끌리지만 나이 들면 쓴맛에 끌립니다.
단 것도 쓴 것도 행복의 재료입니다.
초보에겐 힘든 일이 선수에겐 즐거움이 됩니다.
저걸 어디에 쓸까 하지 마세요!
천하에 쓸모없는 개똥도 약이 됩니다.
저런 인간이 도대체 어디 필요한 거야 하지 마세요!
나도 예전엔 그런 인간이었습니다.

망치가 손가락을 때릴 때는 천하에 흉악한 물건이지만
못을 박을 일이 생기면 둘도 없이 좋은 물건입니다.
이런 것이 나에게 무슨 도움이 될까 하지 마세요!
아직 쓸 때가 오지 않았을 뿐입니다.

"기차가 어둠을 헤치고 은하수를 건너면 우주 정거장에 햇빛이 쏟아지네…… 힘차게 달려라 은하철도, 999, 힘차게 달려라 은하철도 999, 은하철도 999!"

아빠가 어린 아들과 만화영화를 보며 흘러나오는 노래를 흥얼거리자 아들이 따라 불렀습니다. 배우지도 않은 노래를 부르는 아들이 신기해서 한참을 함께 불렀습니다. 그런데 마지막 소절을 따라하는 아들의 노래는 아빠와 조금 달랐습니다.

"힘차게 달려라 으라차차 999, 힘차게 달려라 으라차차 999, 으라차차 999!"

아빠는 한참을 웃다가 아들에게 틀린 부분을 설명해 주었습니다. 아들은 아빠의 설명을 듣고도 여전히 자기 마음대로 노래를 불렀습니다.

"으라차차 구구구!"

"그게 아니고 은하철도 구구구!"

"알았어. 아빠! 으라차차 구구구! 나 잘하지 아빠?"

아빠는 아들이 은하철도라는 말을 이해하지 못해서 그런 줄 알고 은하수와 철도를 설명한 후 다시 불러 보라고 했습니다. 하지만 아들은 설명을 듣고도 역시 바뀌지 않았습니다. 아무리 설명을 하고 다시 가르쳐 주어도 아들은 "으라차차 구구구!"라고 노래를 불렀습니다.

아빠는 설명을 포기하고 아들을 따라 함께 "으라차차 구구구"라고 노래를 부르며 배꼽을 잡고 웃었습니다. 아빠가 웃자 아들도 웃었습니다. 엄마가 두 사람의 노래를 듣고는 기가 막혀 함께 웃었습니다.

그 후로 가족들은 "으라차차 구구구"를 부르기만 하면 모든 시름이 날아가 버립니다. 틀린 노래를 부르지만 아들과 아빠와 엄마는 행복합니다. 아빠는 그 사건 이후로 잘하는 것보다 틀리게 하는 것, 이상하게 노래 부르는 것이 더 큰 행복을 준다는 걸 알게 되었습니다.

정답만 기쁨을 주는 것이 아닙니다. 틀린 것이 더 큰 기쁨을 주기도 합니다. 행복만 행복을 주는 것이 아닙니다. 불행도 행복을 줄 수 있습니다. 아니 불행이 행복보다 더 오래 행복이 되기도 합니다. 틀린 것도 행복이고, 실수도 행복이고, 떨어지는 것도 행복이고, 부족한 것도 행복입니다. 그것이 행복이 될 수 있다는 것을 알면 행복이 됩니다.

오늘 무슨 일이 생길지 몰라도 그건 행복일 것입니다. 오늘 뿐 아니라 모든 날은 행복입니다. 이것도 행복이고 저것도 행복입니다. 슬픈 일을 당해도, 자기 자신이 마음에 안 들어도, 스스로 바보 같은 생각이 들어도, 그것이 행복일지는 알 수 없는 일입니다. 언제 불행이 행복이 되고 행복이 불행이 될지도 알 수 없습니다.

가장 잘 사는 비결은

좋은 것도

나쁜 것도

있는 그대로

보존하는 것입니다.

33
좋게 보면 모든 것이 좋다

조기 축구회에서 만난 두 친구가 죽으면 천국에서도 축구를 할 수 있으면 좋겠다고 했습니다. 두 사람은 이야기 끝에 한 사람이 먼저 죽으면 남은 사람을 찾아와서 천국이 정말 있는지, 있다면 축구는 할 수 있는지를 알려 주기로 했습니다.

두 사람 중 한 명이 교통사고로 죽었습니다. 약속대로 죽은 친구는 그날 저녁 살아 있는 친구를 찾아왔습니다.

"자네, 정말 약속대로 나타났군!"

"그래!"

"천국이 정말 있던가? 축구도 할 수 있어?"

죽은 친구가 살아 있는 친구에게 대답했습니다.

"음, 먼저 자네한테 이야기해 줄 것이 두 가지 있네. 하나는 좋은 소식이고, 하나는 나쁜 소식이야! 어떤 것부터 얘기해 줄까?"

"좋은 소식부터 알려 주게"

"좋은 소식은 천국에도 조기 축구회가 있다는 거야!"
"허허, 그것 참 반가운 소식이군. 그럼, 나쁜 소식은 뭐지?"
"그건, 내일 조기 축구회 골키퍼가 자네라는 걸세!"

이야기에서처럼 죽은 후에도 축구를 할 수 있다면 죽는 것도 나쁘지만은 않을 것 같습니다. 낚시도 할 수 있고, 영화도 볼 수 있다면 더할 나위 없겠죠! 전 세계인들이 진리의 책이라고 인정하는 성경에도 천국이 있다고 하니 위의 이야기가 터무니없는 것만은 아닌 것 같습니다.

그리고 천국이라면 땅보다는 나은 것들이 있을 테니 죽는 일을 불행이라고만 할 수도 없을 것 같습니다. 저도 참 궁금합니다. 아무것도 증명되지 않은 죽음 이후의 세계가 어떤지? 죽은 후엔 알게 되겠죠? 제가 목사이니 개인적으로는 천국이 있다고 생각합니다. 그래서 죽음도 인생의 순서 중 하나로서 흥미진진한 삶의 마지막 경험이 될 것이라고 생각합니다.

좋은 것에 집중하면 나쁜 것은 잊혀집니다. 죽음이 인생 최후의 비극이라고 생각하면 죽음의 공포에 사로잡힌 인생을 살게 됩니다. 하지만 긍정적으로 보면 죽음도 자연스런 인생의 과정이 됩니다.

호스피스 활동을 하는 사람들과 깊은 신앙을 가진 사람들은 죽음이 세상의 짐을 더는 과정이고, 고달픈 인생을 매듭짓는 절차라고 이야기합니다. 그러한 사람의 결론은 죽음도 나쁜 것만은 아니라는 의미입니다.

　인생의 마지막 순서인 죽음에도 긍정적인 면이 있다면 살면서 당하는 모든 일에는 얼마나 더 많은 긍정적인 면들이 있겠습니까? 좋게 보면 다 좋고, 나쁘게 보면 모든 것이 나쁜 것이 됩니다. 이상하게 보면 세상에 정상은 하나도 없습니다.

　모든 사람에게는 좋은 면과 나쁜 면이 있습니다. 모든 일에도 긍정적인 부분과 부정적인 부분이 있습니다. 한 면에만 돋보기를 들이대고 보면 그 부분만 크게 보이고 나머지 부분은 안 보이게 됩니다. 돋보기를 들이대려면 좋은 쪽으로 대는 것이 낫습니다. 사람도 이왕이면 잘 봐주는 것이 서로에게 좋습니다.

> 모든 것이 선하매 감사함으로 받으면 버릴 것이 없나니 (디모데전서 4:4)

　자연에 존재하는 모든 사물은 원래 좋은 것들입니다. 그것의 존재 위치에서 용도를 바꾸어 변질되지만 않으면 독사와 전갈도 생태계를 위한 일부입니다. 세상이 변질되는 가장 큰 이유는 사람의 흔적 때문입니다. 사람이 사는 곳엔 먼지가 쌓이지만 자연 그대로엔 먼지가 쌓이지 않습니다. 먼지도 자연의 일부가 됩니다. 사람이 가는 곳엔 쓰레기가 쌓이지만 사람이 없는 자연에는 쓰레기도 없습니다.

　세상의 모든 문제 중심엔 사람이 있습니다. 사람이 있는 곳엔 문제와 사건이 있고, 사람이 없는 곳엔 문제도 사건도 없습니다.

자연 그대로의 상태는 모든 것이 좋습니다. 사람이 자연을 파괴하지만 않으면 세상은 천혜의 낙원이 됩니다.

낙원을 공해의 도시로 만드는 것이 사람입니다. 사람이 살기 좋은 곳으로 만들기 위해 해 왔던 모든 일들이 현대의 환경상태에 이르게 하였습니다. 잘한다고 했던 인류의 모든 노력들이 오늘날의 모든 부작용을 만들어 낸 것입니다.

그러므로 인류가 보는 세상의 불편한 것들과 뜯어고쳐야 할 부분들은 사실 그대로 두어야 할 것들인 경우가 더 많습니다. 내가 나쁘다고 인식하는 것이 남들에게는 그렇지 않은 것일 수 있습니다.

나를 위한 세상을 만든다고 내 중심으로 세상을 재정립한다면 나 이외의 모든 것들은 변두리에 놓이게 됩니다. 그러므로 내가 가장 잘 사는 비결은 좋은 것도 나쁜 것도 있는 그대로 보존하는 것입니다.

소심한 사람을 만나면 나무라지 말고 신중하다고 봐 줘야 합니다. 소심한 것이 있어야 대범한 것도 있기 때문입니다. 세상 모든 사람이 대범하다면 온 세상이 대범해져서 오히려 더 많은 사고가 발생할 것입니다.

경계심이 많은 사람을 만나면 의심 받는 다는 생각 대신 원칙을 지키는 사람이라고 생각해야 합니다. 버릇없는 것은 농담으로 이해하고, 불평을 애교로, 못난 것을 겸손으로 봐 주면 화날 것도 없고, 답답할 것도 없습니다.

바보를 만나도 똑똑하다 하고, 못하는 사람에게도 잘했다 하고,

쓸모없어도 쓸 만하다 하고, 인생 망칠 일 아니라면 속이려고 할 때 속아 주고, 감추고 싶은 것을 드러내지 말고, 나쁘게 평가해서 좋을 거 없으면 괜찮다고 하는 것이 좋습니다.

부산 해운대 뒷골목에 가 보셨나요? 완전 쓰레기장입니다. 청춘남녀들이 물밀듯이 밀려오는 천혜의 관광지에 대한 이미지가 완전히 사라집니다. 화려한 분위기의 뒤편 구석구석에 쌓인 쓰레기를 기억하면 다시는 갈 곳이 못 되고, '저 많은 사람들이 왜 이런 쓰레기장을 찾아올까?' 하고 이상하게 생각할 수 있습니다.

하지만 대중교통으로 찾아갈 수 있는 백사장과 먹고 놀고 구경할 것이 셀 수 없이 많고, 한밤에 낚싯줄을 던지면 고기도 잡을 수 있는 곳이라는 것을 기억하면 해운대는 참 행복한 곳입니다.

어느 것을 취하느냐는 나의 선택에 달려있습니다. 좋은 것, 긍정적이고 선한 것을 선택하면 항상 기분 좋게 살 수 있습니다. 인생 최고의 불행인 죽음마저도 긍정적으로 해석하면 그리 나쁜 것만은 아닙니다. 하물며 살아 있는 동안 당면하는 일들이야 보기 나름 아니겠습니까?

34
아무것도 부러워 말라

멸치 한 마리를 먹어도 서로 사랑하는 것이 육회를 먹고 미워하는 것보다 낫습니다. 육식보다 생선이 낫다는 의미가 아닙니다. 초라한 음식을 먹어도 서로를 배려하는 것이 고급 음식을 먹으며 욕심부리는 것보다 낫다는 뜻입니다. 사랑하면 무얼 먹어도 행복하고 감사하지만 미워하면 무얼 먹든 화가 납니다.

구두쇠 아빠가 두 아들과 밥을 먹고 있었습니다. 반찬은 간장 하나뿐입니다. 아빠는 밥 한 숟갈에 간장을 한 번만 찍으라고 이야기했습니다. 가끔 아이들이 두 번을 찍으면 아빠가 소리칩니다.
"두 번 찍으면 짜다 잉!"
하루는 형이 아빠의 말을 기억하지 못하는지 밥 한 숟갈에 간장을 두 번, 세 번씩이나 찍어 먹었습니다. 아빠는 그 모습을 보고 아무 말도 하지 않았습니다.

그 모습을 바라보던 동생이 아버지에게 이야기했습니다.
"아버지 형이 간장을 세 번이나 찍어요!"
아버지 근엄한 목소리로 대답했습니다.
"나둬라. 오늘 생일이다."

간장은 불행이고 소고기는 행복일까요? 이런 질문을 받으면 철없는 사람이 아니라면 그렇다고 하지 않을 것입니다. 그러나 많은 사람들이 아니라고 하면서 그런 것처럼 살고 있습니다. 말은 아니라고 하는데 사는 모습은 반대입니다.
잘 먹으려고 얼마나 애쓰는지?
남들만큼 먹기 위해 얼마나 무리하는지?
간장하고 밥을 먹든, 고기하고 밥을 먹든 그 자체는 좋을 것도 나쁠 것도 없습니다. 다만 간장을 세 번 찍는 걸 행복하게 생각한다면 소고기를 먹으며 불평하는 것보다 낫습니다. 잘 먹는 것은 어떤 걸 먹느냐가 아니라 웃으며 먹느냐 울면서 먹느냐, 사이좋게 먹느냐 화내면서 먹느냐입니다.
라면을 먹고 웃으면 잘 먹은 것이고, 뷔페를 먹고도 웃지 않으면 잘 못 먹은 것입니다. 웃으며 먹는 음식은 적당히 씹어도 잘 넘어가지만 싸우며 먹는 음식은 아무리 씹어도 잘 넘어가지 않습니다.
남이 아무리 좋은 걸 먹는다고 해도 그걸 부러워할 이유는 없습니다. 남이 먹는 걸 먹기 위해 욕심을 부리면 남들처럼 먹을 수는 있겠지만 그걸 먹으며 행복할 수는 없습니다. 나는 내 것을 먹을 때 가장 행복할 수 있기 때문입니다.

　세상에 모든 사람이 부러워할 만큼 완전한 인생을 사는 사람은 없습니다. 대부분 자신이 원하지 않은 일도 해야 하고, 아픈 날과 힘든 날, 편하지 못한 날을 살아내야 하고, 무엇엔가 쫓기기도 하고, 불안하며 속상하고, 욕도 먹고, 화나는 인생 과정을 지나야 하기 때문입니다.
　이런 과정 없이 한평생을 사는 사람이 있을까요? 만일 그렇다면 그런 사람이 상식적인 가치관을 가질 수 있을까요? 인격적인 모습을 갖출 수 있을까요? 아마 불가능할 것입니다. 인생은 거의 비슷한 과정을 통해 성숙해지기 때문입니다.
　그래서 저는 어떤 사람도 부러워하지 않기로 결심했습니다. 나는 내 인생을 살 때 가장 행복할 수 있다고 생각하기 때문입니다. 정말 부러운 대상이 있다면 천진난만한 어린아이들입니다. 한 치의 의심도 경계도 없이 사람을 대하고, 강도를 보고도 웃을 수 있는 아이, 아무 때나 울어대는 아이가 부럽습니다.

　법원 판사인 아빠가 딸의 남자친구를 만난 후 이렇게 이야기했습니다.
　"난 그 정도면 네 신랑감으로 괜찮다고 생각하는데, 너의 생각은 어떠냐?"
　딸은 속으로 기뻤지만 혹시나 부모님이 서운해 하실 것을 염려해서 조심스럽게 대답했습니다.

"아빠! 저는 엄마를 남겨두고 시집을 가야 하는 여자의 삶이 너무 괴로워요!"

딸의 이야기를 들은 아빠가 반가운 표정을 지으며 대답했습니다.

"그래? 그렇다면 네 엄마도 데리고 가면 안 되겠냐? 아빠는 혼자 남아도 아무 상관없는데?"

모든 남자들은 밖에서 근엄한 척, 아무 문제없는 척하고 살아가지만 집에만 들어가면 아내의 잔소리에 시달리는 인생입니다. 모든 사람에게 큰소리치는 대통령도 집에서는 아내의 잔소리를 듣습니다.

자기가 세상의 왕이라도 되는 것처럼 큰소리치는 남자들이 집에서는 아내에게 쩔쩔매며 사는 모습을 생각하면 얼마나 후련한 생각이 드는지! 10년 묶은 체증이 내려가는 기분입니다.

우리가 사회활동 중에 만나는 모든 남자는 집에만 들어가면 아내의 잔소리를 들어야 하는 불쌍한 인생입니다. 대단한 것처럼 호통치며 살지만 아내에게는 잔소리를 들어야 하는 한심한 인간일 뿐입니다. 대학 총장도, 일류 변호사도, 장관도, 재벌도 아내와의 갈등은 똑같이 겪어 내야만 하는 부러울 것 하나 없는 보통 사람일 뿐입니다. 알고 보면 별 것이라고 할 만한 인생은 없습니다.

35
착한 인생에 실패는 없다

어린 조카가 삼촌에게 다가와서 얼마 전에 나누기를 배웠다고 자랑했습니다. 삼촌은 조카의 나누기 실력을 보기 위해 여러 가지 동전을 섞어서 700원을 주며 동생과 똑같이 나누어 가지라고 했습니다.

다양한 동전을 받은 조카의 얼굴이 심각하게 굳어졌습니다. 한참 동안 동전을 이리저리 굴리고 있는 조카에게 삼촌이 힌트를 주기 위해 물어 보았습니다.

"700원을 받았는데 그중에서 얼마를 동생에게 줄 생각이니?"

고개를 들고 조카가 대답했습니다.

"250원이요!"

"나누기를 아직 다 안 배웠니?"

"아니오. 다 배웠어요."

"그런데 왜 동생에게 250원을 줄려고 그래?"

"동생은 아직 나누기를 할 줄 모르거든요!"

조카는 삼촌의 염려를 넘어서 동생을 속이기 위한 계산을 하고 있었던 것입니다. 과연 이렇게 계산하면서 성장해 봐야 뭐가 되겠습니까? 사기꾼밖에 되지 않겠습니까? 산수를 가르치는 만큼 착한 것을 가르치지 않으면 자라 봐야 좋을 거 하나 없습니다.

사람은 착해야 합니다. 세상이 험하고 그 험한 세상에서 살아야 하지만 나쁜 사람으로 살 수는 없습니다. 착하지 않은 인생에 보람은 없습니다. 나쁜 놈이 되어서는 똑똑하고 성공해 봐야 나쁜 짓 밖에 안 할 것입니다.

착하지 않으면 아무리 잘한 일이라도 칭찬을 들을 수 없습니다. 직업에 귀천이 없으니 무슨 일을 하고 살아도 상관없지만 욕먹을 짓을 하는 것만은 말려야 합니다.

착하면 손해보고 억울할 수 있습니다. 착한 것은 험한 세상을 살기에 그리 적당한 처세술이 아니라고 합니다. 그러나 착한 것을 빼면 무엇이 남겠습니까? 착해서 손해보지만 그래도 착한 것은 포기 할 수 없는 인생의 기본입니다. 그보다 나은 것은 없기 때문입니다.

아무리 예뻐도 착하지 않으면 소용없고,

아무리 잘나도 착하지 않으면 의미 없습니다.

결국 사람은 날마다 착해지는 것밖에 다른 수가 없습니다.

어제보다 오늘이 조금 더 착해야 하고

어릴 때보다 커서 더 착해야 합니다.
인생의 과정은 매일 착해지는 중이어야 합니다.
착해지는 것을 막는 많은 방해가 있지만
착해지는 것은 반듯이 완성해야 할 삶의 숙제입니다.

선물로 사온 과자를 형이 오기 전에 혼자 다 먹어 버린 막내를 아빠가 혼냈습니다.
"형 생각은 안 하고 혼자 다 먹어 버리면 어떻게 하니?"
아빠의 꾸중을 들은 막내가 울먹이며 대답했습니다.
"형 생각했단 말이에요!"
막내의 대답을 들은 아빠가 너무 성급히 혼낸 것인가 생각하고는 다시 물어보았습니다.
"그래? 얼마나 생각했는데?"
"과자를 하나씩 먹을 때마다 형 생각했어!"
막내가 과자 하나씩 먹으며 형을 생각했다는 말을 듣자 아빠는 막내가 기특한 생각이 들었습니다.
"그렇구나! 형에 대해서 어떤 생각을 했는데?"
차분해진 아빠의 말을 듣고 막내가 당당하게 대답했습니다.
"'이 걸 다 먹기 전에 형이 절대 오지 말아야 하는데' 하고 생각했어!"

아빠가 말하는 '생각'과 막내의 '생각'은 같은 말이지만 다른 의미입니다. 아빠는 형에게 과자를 나누어 줄 생각을 했냐고 물었습니다. 하지만 막내는 과자를 형에게 주지 않을 생각을 한 것입니다.

  생각을 하는 것이 중요한 게 아니라 어떤 생각을 하느냐가 중요합니다. 일을 잘하고 못 하는 것보다 어떤 일을 하느냐가 더 중요합니다. 말을 잘하고 못하는 것보다 어떤 말을 하느냐가 더 중요합니다. 생각도, 행동도, 말도, 일도 착하지 않으면 아무것도 안하는 것만 못합니다.

  착한 인생에 실패는 없습니다. 착한 것 하나만 끝까지 가지고 있어도 성공한 인생입니다. 많은 사람들이 재산의 정도로 성공과 실패를 이야기합니다. 정말 그것이 성공의 기준이 됩니까? 세상의 어떤 성공이 착한 것보다 나을 수 있습니까? 착한 것 자체가 어떤 것보다 큰 성공입니다.

  실패와 성공은 다양한 잣대로 평가할 수 있습니다. 하지만 인간 본연의 자세로 평가할 때 착한 것보다 나은 성공은 없습니다. 어떤 상황에서도 착할 수 있다면 그것은 모든 상황에서 성공한 것입니다.

  착한 것이 행복입니다. 착한 것은 어디서도, 누구에게, 언제라도 당당할 수 있습니다. 죽어도 두려울 게 없습니다. 세상의 어떤 사회에서도 착한 것으로는 벌 받거나 욕을 먹지 않습니다.

  천국과 지옥은 다양한 문화와 사람들에 의해 다양하게 표현됩니다. 하지만 그 모든 표현의 가장 밑바닥엔 동일한 원칙이 자리 잡고 있습니다. 천국은 착한 사람들이 모이는 곳이고, 지옥은 착하지 않은 사람들이 모이는 곳입니다.

착하지 않은 사람이 가는 천국이란 세상 어디에도 없습니다. 그러므로 세상의 공통된 결론은 착한 것이 인생의 성공과 실패는 결정하는 유일한 잣대라는 것입니다.

착한 인생에 실패는 없다

36
나중 문제를 현재로 끌어 오지 말라

❧

내일 일을 위하여 염려하지 말라 내일 일은 내일이 염려할 것이요
한 날의 괴로움은 그날로 족하니라 (마태복음 6:4)

오늘 하루 살기도 벅찬데 내일 근심까지 끌어 올 필요가 없습니다. 오늘 해야 할 일은 잘도 미루면서 내일의 불행은 왜 끌어당기고 있습니까? 무언가를 짐작하는 일은 마음을 낭비하는 일입니다. 마음 쓸 데가 얼마나 많은 데 일어나지도 않은 일에 마음을 빼앗깁니까? 정말 필요한 때에 쓰기 위해 마음을 아껴 두어야 합니다.

월급은 가불해도 근심은 가불하지 마세요!
내일이 되면 괴로울지 아닐지도 모르는데
미리 괴로울 필요는 없습니다.

병들기 전엔 병에 대한 두려움에 시달리고,
병이 들면 병으로 시달립니다.
어차피 병들면 충분히 시달리게 될 것이니
미리 염려해서 시달림을 키우지 마세요!
오히려 병든 다음엔 병에 대한 두려움은 사라집니다.
병들어도 미리 염려하는 것보다는 견딜 만합니다.
군대 갈 걱정을 하는 모든 청춘들은
군대 가면 허튼 걱정을 했다고 후회합니다.
병도 진단받으면 차라리 시원합니다.
그러니 미리 염려하지 말고 처음부터 시원하면 안 될까요?
평상시엔 사고 날까 걱정해서 불행하고,
사고 나면 걱정대로 돼서 불행합니다.
그러니 무슨 일이든 닥치기 전까지는
아무런 상상도 하지 마세요!

죽을 날을 생각하며 근심에 빠져 살던 아버지가 자식들을 불러놓고 미리 유언을 했습니다.

아버지 : 애들아! 내가 죽으면 화장하지 말고 땅에 묻는 매장을 해라.

어머니 : 자식들 귀찮게 뭐하러 땅에 묻으라고 해요. 그냥 화장해라.

아버지 : 어허! 안 된다. 꼭 땅에 묻어라. 그래야 자손들이 잘 된다.

어머니 : 죽은 사람이 뭘 안다고 그래요. 고마 깨끗하게 화장해라.

두 사람의 이야기를 들은 자식들이 어떻게 하는 게 좋을 지를 이야기하였습니다. 아무래도 어머니의 말 대로 화장하는 것이 좋을 것 같다는 쪽으로 이야기가 기울어지자 아버지가 버럭 화를 내며 소리쳤습니다.
"난 열이 많아서 화장하면 안 된다니까!"

언제 일어날지 알 수도 없는 일로 미리 싸울 필요는 없습니다. 그런데 아주 많은 사람들이 일어나지도 않을 일, 결과를 알 수 없는 일로 다투며 살고 있습니다. 죽은 사람의 문제는 살아 있는 사람이 결정할 문제입니다. 죽은 후의 일까지 간섭하려 하면 살아 있는 모든 날은 그야말로 지옥이 될 것입니다.

내가 없는 곳에서 정해지는 일들까지 궁금해 하지 마세요! 내가 없을 때 사람들은 다 내 험담을 하고 살고 있습니다. 내가 남이 없는 곳에서 남의 험담을 하는 것처럼. 나는 남의 험담을 하면서 남은 내 험담을 안 할 것이라고 기대하지 마세요. 무슨 말을 하는지도 궁금해 하지 마세요! 결코 내 인생에 도움이 되지 않습니다. 그런 건 모르는 게 약입니다.

누군가 부탁하면 알았다고 하세요. 그리고 나중엔 정말 알아서 하면 됩니다. 나중에 어떻게 될지 알 수도 없는 것으로 미리 다투고 신경전을 벌일 필요는 없습니다. 그저 나중 일은 나중으로 미루는 것이 가장 현명한 방법입니다. 오히려 나중엔 부탁한 사람의 생각이 바뀔 수도 있습니다.

많은 싸움이 일어나지 않은 일 때문입니다. 혹시나로 인해서 미리 싸움을 시작합니다.

"내가 아프면 더 잘해 줄 거야?"

가까운 사람이 이렇게 물어 보면 어떻게 대답해야 할까요?

"그때 가 봐야지!"라고 정직하게 대답하면 아직 일어나지 않은 일에 대한 대답으로 지금 내 앞에 있는 사람이 서운합니다. 물론 장래의 일은 그때 가 봐야 알 수 있습니다. 하지만 지금 물어 보는 사람은 잘해 줄 거라는 말을 기다리고 있습니다. 그러므로 당장 필요한 대답은 확실하지 않은 미래의 정직이 아니라 지금의 태도입니다.

"아프면 죽어야지!"

"쓸데없는 걸 물어 보고 그래!"

"아프긴 왜 아파!"

이렇게 대답하면 안 됩니다.

"그럼! 그걸 말이라고 해!"

"아프면 더 잘해 줘야지!"

"다 때려치우고 당신을 보살펴야지!"

이렇게 대답해야 합니다. 그리고 정말 그런 일이 일어난다면 그때의 상황에 맞게 대처하면 됩니다.

아내가 남편에게 물었습니다.

"혹시 집에 불나면 누굴 먼저 구할 거야?"

남편이 대답했습니다.

"애들을 먼저 구해야지!"

"그리고 다음은?"

"당신을 구해야지!"

"그러면 당신에겐 애들이 1번이고 내가 2번이네!"

"그런가?"

"내가 당신에게 1번이 아닌 게 서운하지만 3번은 아니라서 좀 낫네!"

문 밖에서 부부의 이야기를 들은 어머니가 서운한 표정으로 두 사람에게 소리쳤습니다.

"그럼 내가 이 집에선 3번이구나! 야! 2번, 3번 지금 시장 간다! 뭐 사올 거 없냐?"

정말 집에 불이 나서 남편이 가족을 구해야 할 상황이라면 번호대로 구할 수 있을까요? 순서고 뭐고 아무것도 생각나지 않고 눈앞에 있는 사람을 먼저 구하게 될 것입니다. 그리고 진짜 불이 나게 된다면 남편은 멀리서 가족들을 구하는 소방대원을 애타게 바라볼 수밖에 없을 것입니다.

일어나지도 않을 일로 가족의 서열을 정하지 말고, 일어나지 않은 일로 싸우지 말고, 화내지 말고, 불행을 일으키지 마세요! 나중 문제는 나중으로 미루고, 오늘을 행복하게 살면 매일 행복합니다.

37
욕먹어도 기죽지 말라!

욕먹어도 기죽지 말라.
잘해도 욕먹고, 못 해도 욕먹는다.
욕하고도 성공하면 부러워한다.
욕먹는 것은 세상을 사는 과정 중에 하나다.
철들기까지 욕 한 번 먹지 않고 산 사람은
단 한 번만 욕먹어도 죽고 싶은 지경에 빠지게 된다.
밥 먹듯 욕먹은 사람은 욕도 밥이라는 걸 알고 있다.

욕도 잘 먹으면 약이 된다.
욕먹는 것도 훈련이다.
먹어 본 사람은 익숙하게 대처할 수 있다.
모든 사람이 나를 좋아 할거라고 생각하지 말라.
세상의 절반은 내 편이 아니다.

모욕 = 치욕 = 수욕 = 굴욕 = 곤욕 = 목욕
욕먹는 것은 목욕하는 것과 같다.
욕먹으면 묵은 때가 벗겨진다.
목욕하러 가기가 귀찮아도 갔다 오면 개운하듯
욕먹는 게 힘들지만 잘 먹으면 개운하다.

쥐구멍 찾지 말라.
사람은 쥐구멍으로 들어갈 수 없다.
쥐구멍 찾을 일을 하지 말고,
쥐구멍으로 들어가고 싶을 때는 차라리 뻔뻔해져라.
그래! 나 이런 사람이야! 하고
자기의 본 모습에 적응하라.

잘 보이려고 꾸며진 모습을 자신이라고 착각하지 말라.
사람은 누구나 못된 구석을 가지고 있다.
나 자신도 예외는 아니다.
내가 나를 욕할 수 없으니 누군가 나를 욕하면 생각하라.
아하! 내가 못된 놈이구나!
이 못된 놈을 조절하지 않으면 큰일 나겠구나!
차마 내가 못할 말을 대신해 주는구나!
그러면 욕먹는 게 그리 나쁜 일만은 아닌 게 된다.

배짱으로 살라.

속마음이 탄로 나도

부끄러워할 필요 없습니다.

오히려 아닌 척했던 자신의 모습을

부끄러워해야 합니다.

잘못 한 것 없으면 부끄러워하지 말고,
탄로 날 것 없으면 자신을 숨기지 말라.
손가락질하면 울지 말고 고마워하라!
관심 가져줘서 고맙다고 손 흔들어 주라.
나쁜 사람이라고 하면 아니라고 화내지 말라
대신 이렇게 말하라.
그래! 나 그런 사람이야!
조심해, 나 무슨 짓을 할지 모르는 놈이거든!

남편을 여의고 슬픔에 젖은 여인이 남의 이목을 생각지 않고 관에 매달려 통곡 하고 있었습니다.
"여보! 저를 두고 가시다니 웬 말예요? 저도 당신을 따라갈 테니 저를 데려가 줘요!"
여인은 울부짖으며 관을 끌어안고 몸부림치면서 자기를 데려가라고 하면서 울었습니다.
사람들이 관 뚜껑을 덮으려 해도 여인은 물러나지 않았습니다. 사람들이 조심해서 여인을 비켜가며 관 뚜껑을 덮었습니다. 그러는 중에 관과 뚜껑 사이에 여인의 머리카락이 끼이고 말았습니다.
여인은 그것도 모르고 계속 울음을 터뜨리며 함께 죽겠다고 소란을 피웠습니다. 한참 후에 울음을 그치고 고개를 들던 여인은 머리를 들 수 없었습니다. 머리카라이 관과 뚜껑 사이에 끼여 꼼짝할 수 없었습니다.
여인은 관 속의 남편이 자신의 머리카락을 움켜쥔 줄 착각하고 소리쳤습니다.

"안 갈래요! 날 놔 주세요! 지금은 가고 싶지 않단 말이에요!"

그래도 자신의 머리카락이 빠지지 않자 여인이 관에 누운 남편에게 소리쳤습니다.

"놔 이놈아! 죽은 놈이 산 사람 잡고 뭐해!"

주위에 있던 사람들은 웃지도 못하고 그 광경을 지켜볼 수밖에 없었습니다.

속마음이 탄로 나도 부끄러워할 필요 없습니다. 오히려 아닌 척 했던 자신의 모습을 부끄러워해야 합니다.

사람들이 여인에게 "당신은 그런 여자구먼!"이라고 하면 아니라는 말 대신 "네! 사실 나는 그런 여자예요! 아닌 척하고 살려고 얼마나 힘들었는지 몰라요!"라고 해야 합니다. 그러면 그 후론 아주 평화로운 인생을 살 수 있게 됩니다.

어울려 살아가는 동안 끝까지 숨길 수 있는 것은 없습니다. 곤란한 상황은 내가 생각하는 것보다 조금 일찍 드러난 것뿐입니다. 내가 혼자 알고 있는 나를 다른 사람이 알게 된 것뿐입니다.

혼자만 알고 있던 내 모습이 드러났다고 세상이 무너진 것처럼 탄식하지 말고, 집에 들어 앉아 고민할 필요는 없습니다. 오히려 밖으로 나와서 사람들 앞에 고개를 들고 "나 이런 사람이다!"라고 하면서 뻔뻔하게 살아야 합니다.

자신을 숨기려고 안달하며 불안하게 사는 것보다 탄로 난 후에

속 편히 사는 것이 건강한 삶입니다. 모를 땐 굳이 알릴 필요 없고, 탄로 나면 배짱으로 살면 됩니다.

사람은 다 같습니다. 탄로 난 간신배와 성공한 간신배의 차이 정도입니다. 언젠간 알려질 것이 조금 일찍 탄로난 것이니 너무 상심할 것 없습니다. 자신 안에 숨은 사람, 부족한 인격과 인간성이 탄로 났어도 살아야 합니다. 그 상태로 살 길을 찾아야 합니다.

세상을 살다 보면 결국 모든 것은 드러날 것입니다. 그때모두 알게 될 것입니다. 판사나 범인이나, 목사나 건달이나, 그리고 착한 사람이거나 못된 사람이거나 경찰이나 도둑이나 다를 바 없는 인간이라는 것을. 조금 더 착하거나 조금 더 못되거나, 조금 더 배웠거나 조금 덜 배운 차이뿐이라는 것을 알게 될 것입니다.

38
의지와 감정의 전쟁

비관주의는 감정에서 오고, 낙관주의는 의지에서 옵니다.
기분 내키는 대로 사는 사람은 하나같이 슬픕니다.
자기 감정을 이기지 못하면 늘 슬픈 인생을 살아야 합니다.
저절로 좋은 감정이란 없습니다.
감정은 언제나 불행의 편입니다.
행복은 의지로 감정을 이기는 데서 옵니다.
분위기를 따라가면 감정적인 사람이고,
분위기를 만들면 의지적인 사람입니다.
저절로 좋아지는 분위기는 없습니다.
방임된 분위기는 저절로 슬퍼집니다.
비 오면 쓸쓸하고, 바람 불면 외롭고,
더우면 짜증나고, 추우면 스산합니다.
그 모든 분위기를 이기는 것은 사람입니다.

의지 VS 감정

한 사람만 같이 있어도 죽을 것 같은 외로움이 사라집니다. 전혀 도움이 되지 않는 나약한 사람과 있어도 무서움이 사라집니다.

막스 비어봄(Max Beerbohm)의 이야기 중에 '행복한 위선자'라는 내용이 있습니다.

험악한 얼굴을 한 남자는 괴팍한 성격을 가졌습니다. 늘 싸움과 다툼을 일으키는 주인공이었습니다. 그런 그가 한 여인을 사랑하게 되었습니다. 그녀에게 청혼을 했지만 그는 거절당했습니다. 그는 왜 자신을 거절하는지 물어보았습니다.

"당신의 얼굴이 무서워서 싫어요!"

사랑하는 여인을 포기할 수 없던 그는 자신의 얼굴을 가려 줄 인자한 모습의 가면을 쓰고 다시 여인에게 청혼하였습니다. 여인과 결혼한 그는 사랑하는 사람을 위해 자신의 얼굴을 숨긴 채 계속 가면을 쓰고 살기로 결심했습니다.

오랜 친구이자 경쟁자가 그의 집을 방문했습니다. 여인이 남편이 있는 곳으로 친구를 데려갔을 때 남편은 안락의자에서 낮잠을 자고 있었습니다. 친구는 여인에게 그의 본 모습을 일러 주겠다고 하면서 그가 가면을 쓰고 있다고 하였습니다. 여인은 그럴 리가 없다고 하면서 자신의 남편이 얼마나 인자한 사람인지를 이야기

하였습니다.

"인자한 모습은 가면입니다. 내가 이 친구의 가면을 벗겨서 진실을 알려 드리겠습니다!"

친구가 가면을 벗기자 가면과 똑같은 얼굴이 나타났습니다. 인자하게 웃으며 잠든 남편의 얼굴을 발견한 친구가 소리쳤습니다.

"이 친구가 어떻게 이렇게 되었지?"

인자한 가면을 쓰고 인자한 사람으로 살았던 남자는 자신도 모르는 사이 가면과 똑같은 사람이 되어 있었던 것입니다.

착한 척하면 착해지고, 행복한 척하면 행복해 집니다. 사람이 착해 봐야 얼마나 착하겠습니까? 사람의 마음속에 들어 있는 건 다 괴물이고 야수입니다. 그나마 착한 척이라도 해야 조금 착할 수 있습니다.

인간은 의지로 모든 것을 조절할 수 있습니다. 위기를 기회로 만들 수 있고 불행을 행복으로, 슬픔을 기쁨으로 만들 능력을 가지고 있습니다. 사우나의 열기를 즐거워하고, 내기에 목숨을 걸고, 시합에서 죽을 만큼 힘쓰며 달립니다. 그 힘든 것들을 스스로 선택합니다. 그리고 행복합니다.

굶어 죽는 것은 못해도 죽을 각오로 다이어트를 시도합니다. 없어서 못 먹으면 슬프지만 있어도 안 먹는 건 기쁨이 됩니다. 의지로 감정을 조절하면 우리는 모든 상황에서 행복할 수 있습니다. 행복하기로 굳게 결심하면 결국 행복할 수 있는 것이 사람입니다.

백발백중 물을 찾는 우물파기의 달인이 있었습니다. 그가 우물을 파기 위해 선택한 곳에서는 반드시 물이 나옵니다. 단 한 번도 실패한 적이 없었습니다. 많은 사람들이 그에게 우물을 파 달라고 부탁했습니다. 사람들이 그에게 우물을 파는 비결이 뭐냐고 물었습니다. 그는 이렇게 대답했습니다.
"그냥 파면 돼!"
"어떻게 파는데?"
"막 파면 된다니까!"
"그런데 어떻게 파는 곳마다 물이 나와?"
"그야 물이 나올 때까지 파니까! 지가 안 나오고 배겨?"

될 때까지 하면 됩니다. 결국 끝까지 하면 이루어집니다. 중간에 그만두니까 안 되는 것입니다.
자연 그대로의 감정은 늘 우수에 빠지려 합니다. 세상의 분위기는 우리를 불행하게 합니다. 그러나 인간은 의지로 감정과 분위기를 이길 수 있는 존재입니다. 의지로 주어진 불행을 행복으로 바꿀 수 있습니다. 의지력을 키워야 행복할 수 있습니다. 매일 변하는 감정이나 한순간에 돌변하는 분위기에 끌려가면 불행합니다. 의지로 감정을 이기면 행복할 수 있습니다.

39
잘 생각하면 행복하다

잘 생각하면 행복하고, 잘못 생각하면 불행합니다.
생각은 두 가지로 할 수 있습니다.
좋게 생각할 수 있고, 나쁘게 생각할 수 있습니다.
철없는 사람의 특징은 잘못 생각하는 것입니다.
어린 마음은 나쁘게 생각하도록 유혹하고
성숙한 마음은 좋게 생각하라고 손짓합니다.
생각이 유혹당하면 좋은 것도 나쁘게 생각하고,
고마운 것도 당연한 것으로 생각합니다.

물길이 한 번 생기면 계속 그리로 흐르듯,
생각의 골이 패이면 계속 같은 길로 갑니다.
비관하는 사람은 단맛을 독이라고 화내고,

긍정하는 사람은 쓴맛도 약이라고 고마워합니다.
잘못 생각하면 1등을 해도 불행하고,
잘 생각하면 못해도 행복합니다.

그는 1977년 7월 7일 오후 7시 7분에 태어났습니다. 그의 가족은 모두 7명이었으며 그의 집 주소는 77번지 7통 7반이었습니다. 그는 자연스럽게 7이라는 숫자를 좋아하게 되었습니다. 사람들은 그가 좋아하는 7자를 '러키세븐(Lucky Seven)'이라고 이야기합니다.

그는 자신의 인생은 분명히 7과 아주 깊은 연관이 있다고 생각하였습니다. 7월 7일 생일날 그는 친구들과 함께 경마장을 찾았습니다. 호기심으로 마권을 사기 위해 창구를 서성이던 그의 눈에 7번 창구와 7번을 단 말이 눈에 들어왔습니다.

그는 망설임 없이 7번 말에 걸기 위해 7번 창구로 가서 줄을 섰습니다. 우연히 시계를 들여다 보았더니 7시 7분을 향해 다가가는 시곗바늘이 보였습니다. 운명의 신이 그에게 손짓하는 것 같았습니다. 그는 순서를 양보하며 7시 7분이 되기를 기다렸습니다.

7월 7일에 태어난 그는 7월 7일 저녁 7시 7분에 7번 창구에서 7번 말에 77만 원을 걸었습니다. 그리고 마침내 기적 같은 일이 그에게 일어났습니다. 그가 올인한 7번 말이 7번 창구에서 출발한 후 결승선을 7번째로 들어왔습니다.

그는 자신의 인생과 연결된 숫자가 모두 7인데 왜 마지막엔 1이 될 것이라고 생각했을까요? 잘 생각해 보면 답은 분명합니다. 계속 7등을 하던 사람은 앞으로도 7등을 할 것이 분명합니다. 공부를 좀 더 하지 않으면 절대 1등을 할 수 없습니다.

씨를 뿌리지 않으면 아무것도 얻을 수 없습니다. 친절하지 않으면 좋은 사람이 될 수 없습니다. 밥을 사 준 적이 없으면 얻어먹을 수도 없습니다. 그런데 우리는 매 순간 착각하며 살고 있습니다. 나는 밥을 사지 않아도 남들은 나를 좋아할 거라고, 나는 노력하지 않아도 항상 좋은 결과를 얻을 거라고, 결정적인 순간에 나는 항상 1등이 될 거라는 망상에 사로잡혀 있습니다.

잘 생각해야 합니다.
깊이 생각해야 합니다.
나와 너 사이에서 생각해야 합니다.
우주보다 크게, 먼지보다 작게 생각해야 합니다.
답을 얻을 때까지 생각하고 한 번 더 생각해야 합니다.
시간이 부족하면 쫓기며 삽니다.
돈이 부족하면 사는 것이 궁색합니다.
힘이 부족하면 이리저리 떠밀리며 삽니다.
그런 건 없어도 없는 대로 살면 됩니다.
하지만 생각이 부족하면 사람답게 살 수 없습니다.

생각하지 않는 사람은 인간성을 잃게 됩니다. 실존하는 모든 것 가운데서 생각을 먹고 사는 존재는 사람뿐입니다. 그런데 그런 사람이 생각을 하지 않는다면 세상은 그야말로 야만적인 곳이 될 것입니다.

　세상의 모든 문제와 갈등과 아픔이 생각하지 않는 사람들에 의해서 만들어집니다. 잘 생각한다면 어떻게 남의 생명을 해치는 일을 할 수 있겠습니까? 세상의 모든 범죄와 사회의 부작용은 그 구성원들이 잘 생각하지 않은 결과입니다.

　바르게 생각하지 않아서 부정과 부패가 만연하고, 편견과 오해가 만들어집니다. 충분히 생각하지 않은 행동으로 옆 사람을 불편하게 합니다. 생각이 부족하면 바른 결정을 내릴 수 없습니다. 생각하기 싫다고 적당히 살면 적당한 인생도 살 수 없게 됩니다.

　잘 살기 위해서는 잘 생각해야 합니다. 행복하기 위해서도 잘 생각해야 합니다. 생각은 아무것도 바꾼 것 없이도 인생을 바꿀 수 있기 때문입니다.

40
땡전 한 푼 없이 행복하라

인생은 아무것도 없이 행복할 수 있어야 합니다.
세상에서 인생보다 중요한 것이 없기 때문입니다.
무언가를 갖는 것으로 행복하기 시작하면,
인생은 끝없는 욕망에 시달리게 됩니다.
인생은 인생 자체로 행복할 때 가장 완전할 수 있습니다.
숨 쉬는 것으로 행복하고,
그저 바라보는 것으로 행복하고,
들려오는 소리에 행복하고,
살아 있는 것으로 행복하고,
지금으로 행복해야 합니다.
가진 것이라곤 제 몸뚱이 하나인 멍멍이는 저렇게 행복한데
멍멍이를 가진 주인은 왜 그렇게 슬픈지?

아무 생각 없는 멍멍이가 생각 많은 주인을 위로합니다.

돈이 많으면 모든 사람은 딴 짓을 합니다.
돈 없을 땐 바르게 살던 인간이
돈이 넘치자 정신 나간 짓을 합니다.
돈 많아도 딴 짓 안 할 자신 있습니까?
모든 사람이 다 그렇게 생각했습니다.
그런데 많아진 후엔 다 그렇지 못했습니다.
돈 많아도 정직하고, 진실하고, 겸손하게 살아야 정말 잘 사는 것입니다.

누구나 가난할 땐 청빈(淸貧)과 진실, 정직과 겸손을 이야기합니다.
하지만 부자가 되면 모두 딴사람이 됩니다.
그렇게 약하고 변덕스러운 것이 사람입니다.
아주 많은 사람들이 딴 짓 할 돈이 없어서 바르게 살고 있습니다.
행복은 가진 게 많아야 하는 것이 아닙니다.
땡전 한 푼 없을 때 행복하지 않으면
부자가 되어도 행복할 수 없습니다.

41
마음이 채워지면 인생도 채워진다

마음이 가난하면
아무리 주머니를 채워도 가난합니다.
인생은 물건으로 채워지지 않습니다.
작은 것으로 만족하는 마음을 가지면
작은 것으로도 삶은 넉넉합니다.
만족할 줄 모르는 마음은
세상을 다 가져도 채워지지 않습니다.
모든 일은 마음에서 시작되고 마음에서 끝납니다.
내 아픔을 이기는 것은 내 마음입니다.
마음이 아픔보다 힘이 세면
아픔은 마음의 양식이 됩니다.
남은 내 아픔을 위해 아무것도 할 수 없습니다.
나와 연결된 모든 일은 내 마음에 달렸습니다.

주머니를 채우기보다 마음을 채우고
집을 채우기보다 인생을 채우며,
공간을 채우기보다 가슴을 채우고
진열장을 채우기보다 생각을 채우며 살아야 합니다.

모든 지킬 만한 것 중에 더욱 네 마음을 지키라 생명의 근원이 이
에서 남이니라 (잠언 4:23)

마음이 생명의 근원입니다. 마음에서 생명력이 솟아납니다. 마음이 병을 고칩니다. 마음이 사람을 바꾸고, 행동을 결정하고, 잘 살고 못 사는 걸 결정합니다. 마음을 다스리기가 전쟁보다 어렵습니다. 전쟁터의 용사는 죽을 각오로 전진하지만 집에서 일어나는 말다툼을 참지 못해 가출합니다. 참아 낼 마음이 없기 때문입니다. 용사에게 전쟁의 고통은 참아야 할 것, 이겨야 할 것이지만 집안일은 참을 수 없는 것으로 인식하기 때문입니다. 이겨 낼 각오를 하지 않기 때문입니다.

인생에서 문제란 없습니다. 큰일도 없습니다. 모든 것이 별일 아닙니다. 인도인들은 하루에 백 번도 "넘게 문제없어(No problem)."라고 소리칩니다.

식당에서 스프 접시에 개미가 기어 다니자 손님이 웨이터를 불렀습니다. 개미를 가리키며 "이거 개미 아냐?" 하고 말하니 웨이터가 대답했습니다. "No problem!" 그리고는 이상한 손님이라는

표정을 짓고 자리를 떠났습니다.

나중에 알고 보니 인도인들은 개미를 먹기도 하기 때문에 식탁에 기어 다니는 것쯤은 아무런 문제가 되지 않는다고 하였습니다. 대부분의 인도 사람들은 식탁에 개미가 기어 다니는 것을 문제로 생각하지 않습니다. 하지만 누군가 그것을 문제로 생각하면 심각한 문제가 됩니다.

문제라고 생각하면 세상의 모든 것이 문제고, 아니라고 생각하면 문제는 없습니다. 인도엔 100번 문제를 제기하는 사람이 있고, 100번 괜찮다고 하는 사람이 있습니다. 그래서 모든 문제가 별것 아닌 것이 됩니다.

대부분의 문제는 지나가면 사라질 것들입니다. 문제가 생기면 지나기를 기다리면 됩니다. 3일을 기다려도 그대로 있으면 손을 좀 봐 주면 됩니다. 아무것도 아닌 것으로 문제를 삼아서 인생을 문제로 가득 채우는 사람이 있고, 어려운 문제도 쉽게 풀어 헤치는 사람이 있습니다.

그 차이는 마음의 문제입니다. 무엇을 걱정하고 있습니까? 보험회사가 있는데? 내 걱정을 대신 하라고 보험을 든 것입니다. 그러니 보험회사가 할 걱정을 대신 하지 마세요!

마음과 생각이 삐뚤어지면 모든 것이 삐뚤어집니다. 지금 이것도 그렇게 지나치게 염려할 건 아닙니다. 조금 있으면 지나갈 것입니다. 지나가지 않으면 해결하면 됩니다. 짧은 시 하나를 소개합니다.

열심히는 살되 염려하며 살지는 말라
부지런히 살되 안달하며 살지는 말라
진실하게 살되 심각하게 살지는 말라
알뜰하게 살되 지독하게 살지는 말라
근검절약하되 베푸는 것은 잊지 말라

42
집에 무슨 의미가 있을까?

쓰러져 가는 초가집을
수많은 사람이 찾아가는 이유는
대통령의 생가(生家)이기 때문이고,
경치 좋은 곳에 있는 아름다운 집을
아무도 찾아가지 않는 이유는
남의 집이기 때문이다.
집 자체에는 아무런 의미가 없습니다.
사랑하는 사람이 살고 있을 때
집은 비로소 의미를 가지게 됩니다.

집은 마음 편히 쉴 수 있는 곳입니다.
집은 단잠을 잘 수 있는 곳입니다.
집은 가족들이 함께하는 곳입니다.

큰 집에 살아도 불행한 사람이 있고,
작은 집에 살아도 행복한 사람이 있습니다.
사람은 집으로 행복하지 않습니다.
집 안에 있는 사람으로 행복합니다.
아무리 좋아도 강도가 사는 집은 강도 소굴이 됩니다.
작고 초라해도 정승이 사는 집은 명승지가 됩니다.
어떤 집인가는 중요하지 않습니다.
누가 사는지가 중요합니다.

43
내 것은 없다

세상에서 내 것이라고 할 것이 무엇인가?
과연 내가 끝까지 소유할 수 있을까?
싫증나서 버리고, 낡아서 버리고, 쓸모없어서 고물이 됩니다.
버리든, 주든, 팔든, 내가 가진 것들은
어떻게든 나를 떠날 것입니다.
처음엔 죽을 만큼 좋았다가 나중엔 죽을 만큼 싫어집니다.
빈손으로 와서 빈손으로 가는 게 인생입니다.
세상에 있는 것들 중에 내 것이란 없습니다.
너의 것도 없습니다. 사는 동안 사용할 뿐입니다.

남의 것을 부러워하지 마세요!
그 사람 것이 아닙니다.

과연 내가 끝까지 소유할 수 있을까?

조금 지나면 누구 것이 될지도 알 수 없습니다.
시간도, 힘도, 지식도, 돈도, 재산도
갈 때가 되면 다 내려놓게 됩니다.
내 것이라고 할 수 있는 것은 없습니다.

땅은 내가 나기 전부터 있었고,
떠난 후에도 있을 것입니다.
내 돈 주고 산 물건도 내 것이 아닙니다.
잠시 빌려 쓰다가 두고 가야 할 것입니다.
그러니 내게 있는 것을 가장 잘 쓰는 비결은
너를 위해 쓰는 것입니다.
남에게 받은 기억은 죽어도 잊지 못할 것이기에
내가 너에게 주면 너는 그것을 영원히
내 것으로 기억하기 때문입니다.
영원히 내 것이라고 할 수 있는 것은
사는 동안 나누어 준 것뿐입니다.

44
밥 푸기의 장인

도서관 식당에서
식판에 밥을 퍼 주는 중년 아주머니는
사람을 보면 얼마나 퍼야 할지를 정확히 알고 있습니다.
내가 식판을 내밀면 담기는 밥은
항상 내 마음보다 조금 적습니다.
그렇다고 더 달라는 말을 하기도 그래서
부족한 밥 대신 반찬을 조금 넉넉히 담습니다.
자리를 잡고 밥을 먹기 시작하면
적다고 생각한 밥은 딱 맞고
넉넉하게 담은 반찬은 남습니다.
밥 푸는 일도 오래 하면 장인이 되나봅니다.
내가 밥을 얼마나 먹을지 퍼 주는 사람이 나보다 더 잘 압니다.
나도 짐작 못하는 내 밥량을

내 이름도 모르는 식당 아주머니가 알고 있습니다.

그렇게 밥 푸는 장인을 유심히 보다가
그 정확한 밥량이 잘못된 것을 발견했습니다.
밥 푸기의 장인은 많이 먹어도 될 사람은 조금 주고
조금 먹어야 할 사람에게는 많이 주고 있었습니다.
밥 푸기 장인의 밥량을 재는 기준은
체격과 비만 정도와 얼굴형이었다.
많이 먹을 것 같은 사람은 많이 주고
적게 먹을 것 같은 사람은 적게 주고 있었습니다.
즉, 덩치와 얼굴 면적으로 밥을 퍼 주니 정확하긴 했지만
사실은 반대로 줘야 합니다.
덩치 큰 사람이 양대로 먹으면 비만이 유지되고,
작은 사람이 조금 먹으면 계속 약한 기력으로 살아야 하기 때문입니다.
큰 사람은 조금 줄이고, 작은 사람은 조금 늘이면 다 건강할 것입니다.

건강을 위한 밥 푸기는
큰 사람은 적게, 적은 사람은 많게입니다.
밥 푸기의 장인은 적게 먹어야 할 사람은 많이 주고
많이 먹어야 할 사람은 적게 주고 있었습니다.

밥 생각을 하고 나서 주위를 보니
세상에도 많은 실수가 있습니다.
월급을 많이 받아야 할 사람은 조금 받고,
조금 받아도 될 사람은 많이 받고 있습니다.
친절이 필요 없는 사람에겐 많은 친절을 주고
친절이 간절히 필요한 사람에겐 불친절 합니다.
값을 깎아줘야 할 사람에겐 더 받고,
더 받아도 될 사람에겐 깎아 줍니다.
힘 있는 사람에겐 뇌물로 힘을 보태고,
힘없는 사람에겐 비리로 가진 힘도 빼앗습니다.
더 먹을 사람은 큰 사람이 아니라 작은 사람이고,
더 잘해야 할 사람은 있는 사람이 아니라 없는 사람입니다.
많이 주고 싶은 사람에게 조금 주고
조금 주고 싶은 사람에게 많이 주면
혹시 세상이 달라지지 않을까요?

45
골치 아픈 일에는 바보가 되라

중세 철학자 에라스므스(Erasmus)는 자신의 책 『우신예찬』(愚神禮讚)을 통해 인간이 얼마나 어리석은 존재인지를 이야기합니다. 그리고 그 어리석은 것이 사람을 얼마나 행복하게 하는지도 이야기합니다.

미친 짓을 하며 행복하게 느끼는 것이
목매달 들보를 찾아다니는 것보다 낫다.
속상해서 죽는 것보다 미친 짓이라도 하고 사는 게 낫다.
사람들은 미치광이들을 이상하다고 생각하지만
정작 본인은 아무런 문제가 되지 않는다.
부끄러움, 치욕, 불명예, 창피, 모든 사람의 비웃음도
정작 본인이 느끼지 못하면 아무것도 아닌 게 된다.
미치광이들의 어리석음이 그 모든 것 가운데서 그들을 행복하

게 한다.

　귀족들의 우스운 짓거리 중 하나는
짐승을 죽여 거룩한 예식처럼 특수한 칼로
각 부위를 잘라내는 것을 신기한 듯 바라보다가,
짐승의 살 한 점을 얻어먹는 것을 영광으로 여기는 것이다.
얼마나 어리석은 민중들인가?
집을 짓고 부수고 다시 짓고,
둥글게 각 지게, 세모지게, 끝없이 공사를 반복하다
모두 부숴 버리면서 행복한 것이 사람이다.
어리석은 짓을 행복하게 일평생 반복한다.
그런 어리석음이야말로 참 행복의 원천이 아닌가?
사냥개와 함께 사냥에 미친 인간들은
결국 사냥개처럼 본능적인 인간이 되어
짐승의 똥 냄새로 만사를 분별하면서 마침내 사냥개처럼 된다.
그리고 그런 자신들의 모습을 자랑스러워한다.
자신들이 기르는 사냥개와 같이 된 것이 그들에겐 행복이다.
　그리스어, 라틴어, 수학 , 철학, 의학에 정통한 60세의 문법학자
그의 평생소원은 8품사를 완벽하게 정의할 수 있을 만큼만 사는 것이다.
　그는 단어 하나, 수식어 하나, 부사와 접속사의 범위와 한계를 목숨보다 중요시한다.
　문법에 한 치라도 어긋나는 말을 사용하는 인간을 가차 없이 처단하고 싶다.

관사의 용도를 바꾸기라도 하면, 그는 전쟁도 불사할 정도다.
그 어리석음이 그에겐 최고의 행복이다.
인생을 불사를 만한 일인 것이다.
어리석음이야말로 한평생 사는 데 꼭 필요한 동반자다.

젊은 사람이 똑똑한 것 같지만 조금 후에 보면 그렇지 않다는 것을 알게 됩니다. 아버지의 나이가 되면 비로소 아버지가 얼마나 현명한 분이었는지를 알게 됩니다. 많이 아는 문법 학자가 인생에 있어서는 문법의 문(文)자도 모르는 농부만도 못합니다. 하지만 그는 문법을 통해 한평생 열정에 사로잡혀 행복한 일생을 살아갑니다.

인생을 살면서 문법으로 행복한 사람이 얼마나 될까요? 수십만 명 중에 한 명 정도입니다. 하지만 그 한 사람은 아무도 행복할 수 없는 조건에서 평생 행복을 누리며 삽니다. 대부분의 사람에겐 바보 같은 짓이 그에겐 행복이 됩니다.

마찬가지로 나를 행복하게 하는 것을 남들은 이해할 수 없습니다. 매운 음식을 먹는 것이 의사들에게는 결코 행복한 일이 아닙니다. 바보 천치나 하는 짓거리입니다. 하지만 얼마나 많은 사람들이 그 바보 같은 짓으로 행복합니까?

행복하기 위해서는 골치 아픈 일에 바보가 되는 것입니다. 골치 아픈 일을 억지로 풀면 풀다가 싸우게 되고, 불행한 사람이 됩니다. 화 날 일에 바보가 되고, 속상한 일에 바보가 되고, 억울한 일에도 바보가 되고, 무시당할 일에도 바보가 되면 불행을 벗어날 수 있습니다.

행복엔 객관적인 기준이 없습니다. 천하의 바보 같은 짓이라도 스스로 만족을 느끼면 행복할 수 있습니다. 잘나고 똑똑해야 행복한 것이 아니라 오히려 바보 같을 때 더 행복하기가 쉽습니다.

얼마나 많은 사람들이 잘나고 똑똑해서 화내고 싸우고 병들고 외롭습니까? 잘나서 불행한 것보다 차라리 바보 소리를 들어도 화목하고 건강한 게 낫습니다. 억울한 거 다 풀려고 대들어 봐야 더 큰 손해를 입을 뿐입니다. 감정 상한 거, 손해본 걸 다시 찾기 위해 싸움을 시작하면 더 많은 것을 잃게 됩니다.

물리적인 손해를 회복하기 위해 고소하고, 송사에 휘말리면 행복한 정서를 다 잃어버리게 됩니다. 물리적 손해를 회복하는 것보다 정서를 회복하는 것이 더 중요한 일입니다. 물질과 정서 중에 어느 하나를 손해봐야 한다면 물질을 포기하는 것이 낫습니다. 돈은 없는 대로 적응하며 살 수 있지만 정서가 메마르면 절대 행복할 수 없습니다.

살면서 물리적으로 이익을 본들 얼마나 볼까요? 재물은 날개가 있어서 결국 다 날아가 버립니다. 흔적도 없이 사라질 것들을 지키려고 안달하지 말고, 죽는 순간까지 함께할 정서를 보존하는 것이 낫습니다.

"웬 뚱딴지같은 소리야?"라고 하지만 그 얼토당토않은 소리에 행복한 것이 인생입니다.

골치 아픈 일이 터지면 일단 바보가 되세요! 바보가 늘 히죽거리며 다니는 이유는 거의 모든 순간 행복하기 때문입니다.

46
원리를 알면 행복하다

시골 순둥이가 서울 바람둥이에게 여자와 데이트 하는 비결을 물어보았습니다.

"그건 아주 간단하지! 내가 하는 걸 잘 봐!"

서울 바람둥이가 벤치에 앉아 있는 아가씨에게 다가가서 물었습니다.

"뭐 하나 물어봐도 될까요?"

"그러세요."

"1에서 9까지 중에 좋아하는 숫자가 몇이에요?"

"7! 저는 7을 좋아해요!"

"와우! 축하합니다. 오늘의 이벤트 저와 함께 저녁을 드실 수 있는 행운에 당첨되셨습니다!"

"어머, 그래요!"

서울 바람둥이가 아가씨를 데리고 가며 시골 순둥이에게 귓속

말로 속삭였습니다.

"봤지, 이렇게 하면 되는 거야!"

서울 바람둥이가 떠나고 시골 순둥이가 한참을 망설이다 다른 벤치에 앉아 있는 아가씨에게 다가가서 물었습니다.

"실례가 아니라면 뭐 하나 물어봐도 될까요?"

"뭔데요?"

"1에서 9까지 중에 좋아하는 숫자가 몇이에요?"

"3이요."

시골 순둥이가 안타까운 표정으로 대답했습니다.

"저런, 쯧쯧쯧. 7이라고 했으면 저녁 식사에 당첨되셨을 텐데 아깝네요!"

"뭐 이런 덜 떨어진 게 다 있어? 바보 아냐?"

"난 왜 안 되지?"

안 되게 살기 때문입니다.

"난 왜 실패하지?"

실패할 만큼 하기 때문입니다.

"나는 왜 늘 이렇지?"

그렇게 살기 때문입니다.

"난 왜 인기가 없지?"

"난 왜 심심하지?"

"난 왜 몸이 안 좋지?"

모든 의문에는 그 자체에 답이 있습니다. 서울 바람둥이는 원리를 알려 주었지만 시골 순둥이는 정답이 7이라고 생각했습니다. 수학에서의 답과 문학에서의 답은 같지 않습니다. 목적과 대상에 따라 답은 필요한 대로 바뀌어야 합니다. 이렇게 달라지는 답을 알기 위해서는 공식과 원리를 알아야 합니다.

서울 바람둥이에게 정답은 아가씨가 좋아하는 숫자입니다. 마음에 드는 아가씨와 데이트하는 것이 정답이기에 1에서 9까지의 모든 숫자는 정답이 됩니다. 원리를 이해하지 못한 시골 순둥이에게 정답은 오직 7이었습니다.

시험엔 답이 정해져 있지만 인생엔 정답이 없습니다. 정답을 만들어 가는 것이 인생의 과정입니다. 남이 가진 답은 나에게 답이 될 수 없습니다. 내 답은 내가 찾아야 합니다. 내가 답을 찾았다고 남에게 답을 강요해도 안 됩니다. 그것은 나에게만 답이기 때문입니다.

수학 시험에서 공식을 알고 있으면 어떤 문제가 나와도 답을 얻을 수 있습니다. 마찬가지로 원리를 알고 있으면 어떤 상황에서도 정답을 얻을 수 있습니다. 함께 사는 사람과의 행복이 답이면 내가 무얼 좋아하는지는 중요하지 않습니다. 둘이 함께 좋아하는 것이 답이 됩니다.

예전에 내가 맛있게 먹었던 음식, 내가 재미있게 놀던 곳, 내가 하고 싶은 일, 내가 보기에 좋은 물건들은 둘이 함께 행복하기 위한 답이 아닙니다. 혼자 있을 때 나에게 행복을 주었던 모든 것은 이전 문제의 답이었을 뿐입니다.

　수학 문제에서 1과 2의 차이는 전혀 다른 답을 만들어 냅니다. 인생에서의 답도 마찬가지입니다. 1(혼자)이었을 때와 2(둘)일 때의 답은 절대 같을 수 없습니다. 숫자가 달라지면 같은 공식을 대입해도 전혀 다른 답이 나옵니다.
　그런데도 우리는 너무 자주 2(둘)라는 숫자를 1(혼자)로 착각하고 계산합니다. 그리곤 답을 얻지 못해서 불행하다고 생각합니다. 인생의 원리와 목표는 행복입니다. 모든 말과 행동과 일은 행복을 만들어 낼 수 있어야 합니다.
　아무리 큰 숫자라도 행복과 연결되지 않은 것은 인생의 답이 아닙니다. 작아도 둘이 함께 행복하면 그 작은 것이 답입니다. 내가 손해를 봐서 둘이 행복할 수 있다면 내 손해가 답입니다.
　빠른 길로 가지 않고 돌아가는 것이 둘을 행복하게 할 수 있다면 돌아가는 것이 정답입니다. 경제적으로 시간적으로 낭비일진 몰라도 행복한 삶을 위해서는 가장 빠르고 효과적인 길입니다. 인생은 수학 원리나 경제적인 원리로 행복하지 않습니다. 인간적인 원리로만 행복할 수 있습니다.

　　지혜를 얻는 것이 은을 얻는 것보다 낫고 그 이익이 정금보다 나
　　음이니라 (잠언 3:14)

제4부

내가 죽어도
가게 문은 닫지 마라

47
하나만 잘하면 행복하다

하나만 잘하면 행복할 수 있습니다.
다 잘하려고 하면 아무것도 못하게 됩니다.
무엇이든 잘하는 게 하나만 있으면 세상을 살기엔 충분합니다.
하나에 매달리면 누구라도 전문가가 될 수 있습니다.
잘하는 한 가지로 못 하는 열 가지를 대신할 수 있습니다.
재주가 많은 사람은 빌어먹는다는 말처럼
세상을 사는 데 정말 필요한 것은
많은 것을 다 잘하는 것이 아니라 하나를 잘하는 것입니다.
이것 저것 다 할 줄 아는 사람은
자랑하고 참견하고 다니느라고 실속이 없습니다.

"구르는 재주만 있어도 밥은 먹고 산다."
오래된 속담입니다. 땅바닥을 구르는 일을 못하는 사람은 없습

한평생을 살기 위해서 무엇이든 잘해야 하는 것은 아닙니다. 잘하는 것 하나만 찾아내면 그 하나로 평생을 행복할 수 있습니다.

니다. 그러나 그 하찮은 일도 남들과 다르게 하면 한평생 살아갈 밑천이 될 수 있습니다. 그냥 구르는 것이 아니라 사람들에게 구경거리가 될 만큼 구르는 것입니다.

　세상을 살기 위해 많은 지식이 필요한 것이 아닙니다. 남들이 하는 것 다 할 수 있어야 하는 것도 아닙니다. 남들이 가진 것을 다 가져야 하는 것도 아닙니다. 그저 땅바닥을 구르기만 해도 세상살이는 충분합니다.

　일본의 도이치 현에는 카메라 판매의 달인이 있습니다. 소니 카메라 한 종류만 파는 '사토'라는 가게로 성공한 사람입니다. 24세에 직원도 없이 혼자 사업을 시작해서 소니 핸디캠 하나를 전문으로 판매하였습니다.

　오직 소니 카메라만 취급하며 자신만의 지식을 쌓고 찾아오는 손님들에게 가장 적당한 제품을 소개해 주었습니다. 그 결과 소니 카메라를 사려면 도이치 현의 '사토'로 가라는 말이 생겨날 정도가 되었습니다. 사토에 소니의 모든 것을 아는 전문 판매원이 있다고 알려지게 되었습니다. 그 후로 판매하는 제품을 하나씩 늘려서 직원이 130명이 넘는 대형 가게가 되었습니다.

　한 가지만 팔아도 성공할 수 있습니다. 물건만 파는 것이 아니라 전문성을 파는 것입니다. 식당도 한 가지만 파는 곳이 맛있습니다. 한 가지 메뉴를 팔지만 매일 다른 손님들이 찾아옵니다. 매일 똑같은 식당을 가는 사람은 없습니다. 같은 집 요리의 맛은 거의 비슷하기 때문에 사람들은 여러 식당을 정해 놓고 번갈아서 찾아 갑니다.

한두 번 맛있게 먹을 요리를 할 수 있으면 식당을 운영하기에는 충분합니다. 대부분의 사람들은 같은 식당을 매일 가지 않습니다. 일주일에 한 번, 한 달에 한 번, 일 년에 한 번 정도를 찾아갑니다. 그렇게 오는 사람들은 매일 다른 맛이 아닌 일주일 전의 그 맛, 한 달 전의 그 맛을 보기 위해 찾아오는 것입니다.

한 평의 땅을 경작하라

한 평의 땅을 경작하라.
세상의 모든 땅에 식물이 가득해도
내가 심지 않으면 거둘 것은 없다.
한 평의 땅을 경작하지 않으면
나는 아무것도 얻을 수 없다.
땀 흘려 경작한 나의 한 평 땅에서
나를 위한 결실을 얻을 수 있다.
우주를 연구해서 하늘의 진리를 깨우쳤어도
땀 흘려 땅을 파지 않으면 신선한 채소를 맛 볼수 없다.
천지에 수많은 물질이 가득해도
땅에 씨앗을 뿌리지 않으면 열매를 거둘 수 없다.
한 평의 농사를 성공하면 두 평을 짓고
두 평을 성공한 후엔 열 평을 지으라

한 평을 잘하면 백 평도 거뜬할 것이나
한 평을 망쳤으면 될 때까지 한 평을 지어야 한다.
한 평은 작으나 한 평을 통해 인생이 결정된다.

한평생을 살기 위해서 무엇이든 잘해야 하는 것은 아닙니다. 잘하는 것 하나만 찾아내면 그 하나로 평생을 행복할 수 있습니다. 피아노만 잘 쳐도 온 세상을 떠돌며 환영받을 수 있고, 노래 하나만 잘해도 수많은 사람에게 인기를 얻고, 지휘봉 하나만 잘 휘둘러도 전 국민의 존경을 받을 수 있습니다. 김치만 잘 담가도, 간장 된장만 잘 담가도 장인이 될 수 있습니다.

사람은 많은 것으로 행복하지 않습니다. 장난감 하나, 라면 한 그릇, 커피 한 잔으로도 충분히 행복할 수 있습니다. 전부를 가질 필요가 없고, 가장 좋은 것을 가질 필요도 없습니다. 내 마음에 드는 것 하나, 내가 잘할 수 있는 것 하나만 있으면 한평생을 살기엔 넉넉합니다.

48
남의 세계를 동경하지 말라

모르는 길에 들어서면 누구나 초보라서 마음이 불안해집니다. 자신이 살던 곳, 익숙한 곳에 이르러야 비로소 마음이 안정됩니다. 고향을 떠나는 사람은 앞으로 자신에게 무슨 일이 일어날지 알 수 없어서 잠을 편히 잘 수 없습니다. 고향을 찾아가는 사람은 마음이 설레서 잠을 설칩니다. 고향을 찾아갈 땐 누구라도 마음이 편안합니다.

사람은 자신이 속한 세계에서 편한 마음을 유지할 수 있습니다. 남의 세계를 동경한다고 행복하지 않습니다. 남의 자리에 가면 모르는 사람들 사이에서 어색한 것처럼 자연스럽지 않고, 즐겁지 않고, 불안하고 생소할 뿐입니다.

남의 자리엔 남이 있어야 정상입니다. 내가 가장 잘 사는 법은 내 자리에서 적응하는 법을 배우는 것입니다. 자신의 세계에 충실하지 않은 사람은 안정될 수 없고, 행복할 수도 없습니다.

"우리는 해변에서 싸울 것이다. 우리는 상륙장에서 싸울 것이다. 우리는 들에서 싸우고 시가에서도 싸울 것이다. 우리는 산 속에 들어가서도 싸울 것이다!"

윈스턴 처칠(Winston Churchill)이 전쟁을 치르며 남긴 유명한 말입니다. 전쟁터로 나가야 하는 사람들, 전투를 벌이고 있는 병사들에게 용기를 주기 위해 한 말입니다. 하지만 이 말은 병사들 뿐 아니라 여름휴가를 떠난 가족들에게도 정확하게 들어맞는 내용이기도 합니다.

여름휴가를 떠난 가족들은 시내를 벗어나기 전부터 싸우기 시작해서 도로에서 싸우고, 휴게소에서, 해변에서, 산 속에서, 들판에서도 싸움은 끝나지 않습니다. 식당 앞에서, 편의점 안에서, 호텔 안에서, 기념품 가게에서, 여름휴가를 떠나는 첫 날부터 마지막 날까지 가족의 싸움은 계속될 것이고, 여행이 끝나고 집에 도착하는 순간 본격적인 전쟁을 벌일 준비를 하고 있을 것입니다.

해변에서 여름휴가를 즐기는 사람들은 정말 행복한 것처럼 보이지만 사실은 잠깐 휴전을 하고 있는 중입니다. 즐거운 한순간이 끝나면 곧 갈등의 장소로 이동하게 될 것입니다. 많은 사람들이 터지기 일보 직전의 상태로 아슬아슬하게 살아가고 있습니다. 우리가 남들의 세계를 동경하는 이유는 그들의 아픔과 고민, 갈등을 볼 수 없기 때문입니다.

나는 남과 달라야 합니다. 남들처럼 되려고 하는 것은 나도 아니고 남도 아닌 이상한 사람이 되는 결과를 낳습니다. 남의 상을 대신 받는다고 행복하지 않습니다. 아버지 잘 만난 친구, 남편 잘 만난 여자, 복권에 당첨된 사람을 동경해 봐야 돌아오는 것은 억울함과 불공평한 세상에 대한 분노뿐입니다. 그런 것으로 나는 절대 행복할 수 없습니다.

나는 그냥 나로 살아야 행복합니다. 운동경기에서의 출발점은 동일하지만 인생의 출발점은 같지 않습니다. 모든 사람은 서로 다른 곳에서 출발합니다. 그 문제를 해결할 사람이나 국가는 세상에 없습니다.

그러므로 인생에 대한 평가는 획일적이어서는 안 됩니다. 각각의 인생은 주관적이고 절대적인 평가를 받아야 합니다. 비교하거나 물리적인 객관으로 인생을 평가할 수 없습니다. 이런 인생은 이런 평가를 저런 인생은 저런 평가를 받아야 합니다. 내 인생을 남의 인생으로 평가하지 마세요! 반드시 불행한 결과가 나올 것입니다.

나는 이렇고 너는 그런 것이 정상입니다. 옷도 신발도, 몸매나 스타일도 다른 것이 정답인데 모두 똑같은 사이즈가 되려 합니다. 나와 너가 같다는 것은 뭔가 잘못된 것입니다. 내가 어떻게 남이 될 수 있습니까? 내 인생의 표준은 너가 아니라 나입니다.

훈련을 마친 신병이 취사장에 배치를 받았습니다. 가장 힘든 일을 도맡아 하는 초년병을 안쓰럽게 생각한 병장이 설거지를 마친 신병을 조용히 불렀습니다.

"누가 보면 안 되니까 옷 속에 숨겨서 가져가."

"이걸 제가 가져가도 됩니까?"

"그러니까! 몰래 가져가서 먹으라고."

"네, 감사합니다!"

병장은 자신이 가져가려고 알맞게 익혀서 긁어 낸 누룽지를 건네주었습니다. 신병은 가슴 속 깊이 누룽지를 품고 내무반으로 돌아갔습니다. 그런데 내무반에 도착해서 누룽지를 꺼내기도 전에 연병장으로 집합하라는 명령이 전달되었습니다.

집합 연락을 받은 병사들이 도착하자 단체기합이 시작되었습니다.

"뒤로 취침!"

"앞으로 취침!"

"좌로 3회 굴러!"

"우로 3회 굴러!"

신병의 몸속에 숨겨진 누룽지가 '뿌드득'하며 부서지더니 맨 살을 찌르기 시작했습니다.

"으윽!" 하고 비명을 지르자 "어느 놈이 엄살이야!" 하고는 하사관이 다가와서 신병을 집중적으로 구르게 했습니다. 그때마다 누룽지가 부서지며 몸 안에 퍼졌고 고통은 점점 더 심해졌습니다.

"내 지금까지 수많은 병사를 봐 왔지만 구르는 기합에 비명을 지르는 놈은 처음이다. 비명이 멈출 때까지 구른다. 실시!"

"실시!"

신병의 몸 안에 숨겨진 누룽지는 산산이 부서져 가루가 되어 흙과 뒤섞여 몸에서 빠져 나갔습니다. 갑작스런 단체기합으로 신병은 친절한 병장이 준 누룽지를 맛도 볼 수 없었습니다. 그 후로 '엄살 병'이라는 소문이 나더니 신병은 대한민국 최고의 엄살 병이라는 호칭을 얻게 되었습니다.

숙소에만 도착하면 신병은 누룽지로 인해 황홀한 행복에 빠져들 줄 알았습니다. 누군가 그가 누룽지를 가지고 있다는 것을 알게 된다면 얼마나 부러웠을까요? 하지만 뜻밖의 사건으로 인해 누룽지는 고통이 되었습니다. 못 먹는 정도가 아니라 부드러운 속살을 찌르는 가시가 되었습니다. 누룽지를 품고 숙소로 가면 행복이지만 연병장으로 가면 불행입니다.

남이 가진 것을 나도 가지면 행복할 것 같지만 남에게 고소한 누룽지가 나에게는 몸을 찌르는 가시가 됩니다. 남의 돈, 남의 집, 남의 성격, 남의 스타일로는 내가 행복할 수 없습니다. 나는 오직 내 것으로만 행복합니다.

대학을 졸업하고 벤처기업을 시작한 사람이 사업이 어려워지자 조언을 구하기 위해 자신을 지도했던 교수님을 찾아갔습니다. 촉망받던 제자가 찾아오자 교수님은 반갑게 맞이했습니다.

"오, 김 사장! 돈 많이 벌었지? 밥 사 주려고 왔구나? 그래 가지!"

김 사장은 사실 지갑에 돈이 거의 없는 상황이었습니다. 두 사람이 간단한 점심을 먹을 정도의 금액뿐이었습니다. 그런데 교수님은 제자의 사업이 잘되는 줄 알고 근사한 걸 먹으러 가는 것입니다.

"오늘은 성공한 제자가 왔으니 회나 한 접시 먹어 볼까?"

김 사장은 아무 말도 못하고 교수님을 따라나섰습니다. 식당에 들어선 교수님은 서슴없이 비싼 회와 술을 시키고는 기분 좋게 덕담을 시작하였습니다. 한참 대화를 나누고 있는데 중년 신사 한 분이 다가와 교수님에게 인사하였습니다.

"좋은 거 드시네요."

"아이고, 은행장님! 여긴 어떻게? 맛있는 거 시켜 드세요. 우리 제자가 계산 할 거예요. 아니 내가 시켜 주지. 뭐!"

그리고는 가장 비싼 세트메뉴를 대신 주문해 주었습니다. 얼떨결에 제자는 다른 사람의 밥값까지 내야 하는 상황이 되었습니다. 덕담이 길어지자 나중에 들어온 은행장님이 교수님에게 잘 먹었다고 인사를 하고는 먼저 식당을 빠져 나갔습니다. 이제 김 사장은 영락없이 독박을 쓰게 생겼습니다. 식사를 마치고 사용한도가 다된 카드라도 계산을 해 보려고 계산대 앞으로 가자 식당 직원이 두 사람에게 이야기했습니다.

"조금 전에 행장님이 교수님 드신 거까지 계산 하고 가셨어요!"

교수님이 깜짝 놀라며 말씀했습니다.

"그 사람! 사 줄 땐 얻어먹을 줄도 알아야지, 원! 그럼 자네는 다음에 한 번 더 오게!"

"네 그렇게 하겠습니다! 교수님!"

김 사장은 먼저 나가며 밥값을 계산하고 나간 행장님이 얼마나 고마운지 눈물이 날 지경이었습니다.

　우리와 함께 사는 사람들은 겉보기엔 멀쩡해도 속으로는 다 죽을 만큼 힘든 일을 가지고 있습니다. 소문으로는 성공한 벤처기업 사장도 스승에게 식사 한 번 대접할 돈이 부족합니다. 대부분의 서민들은 보기에는 번듯해도 실상은 다 아픔을 가지고 살고 있습니다. 오죽하면 대기업 회장님도 자살을 하겠습니까? 그 속에 가진 아픔이 얼마나 크기에 그 많은 책임을 뒤로 하고 죽음을 택할까요?

　아무리 좋은 걸 가졌을지라도, 잘난 사람을 보더라도 동경할 필요는 없습니다. 남을 동경하기 시작하면 내 인생은 빈 껍질만 남게 됩니다. 지금 이대로 내 인생에 충실한 것이 행복할 수 있는 유일한 길입니다.

내가 행복하기 위해

물리쳐야 할 가장 큰 적은

바로 나 자신입니다.

49
스스로에게 적이 되지 말라

행복의 최대 적은 자기 자신입니다.
나 자신만큼 나를 불행하게 하는 사람은 없습니다.
불행하다고 생각하는 자기 생각에 의해
많은 사람이 불행합니다.
세상엔 더 행복한 사람도 더 불행한 사람도 없습니다.
성공해도 자살하고, 실패해도 자살하고, 대통령도 자살합니다.
그들이 왜 죽음을 선택했을까요?
각각 그럴만한 이유가 있었겠지만
스스로 행복하지 않다고 생각했기 때문입니다.
돈과 권력의 꼭대기에 있어도 행복하지 않습니다.
형편없는 자리에 있다고 불행한 것도 아닙니다.
행복하다고 생각하면 행복하고
불행하다고 생각하면 불행합니다.

행복의 가장 큰 걸림돌은 자기 자신입니다.

얼마 전에 대통령보다 행복한 사람을 만났습니다. 소규모 사채업을 하는 사람입니다. 한가한 식당에서 점심을 먹는데 문을 열고 들어와서는 옆자리에 앉아 밥을 시키고 주인과 이야기를 시작했습니다.

자신은 돈 꿔 주고 돌려받는 것 외엔 신경 쓸 일이 하나도 없다고 하였습니다. 마음먹으면 자신이 원하는 일을 다 할 수 있고, 대단한 일은 하고 싶지도 않다고 하였습니다.

돈 빌려 주고, 이자 받고, 원금만 받으면 남는 시간은 낚시도 가고, 등산도 가고, 여행도 가고, 자식들 용돈 주고, 교육시키고, 결혼하면 집 하나씩 사 주면 된다고 하였습니다. 그러면서 마지막으로 이야기했습니다.

"나는 대통령도 부럽지 않아요! 하고 싶은 거 다 하고 사는 게 말 한마디 맘대로 못하고 사는 대통령보다 백 배는 낫지! 안 그래요?"

그는 일주일씩 낚시 여행을 다니고 언제든 가고 싶은 곳이 생기면 간다고 했습니다. 그러더니 식사 도중에 어디론가 전화해서 큰 소리로 돈 보내라고 호통을 쳤습니다. 그 소리에 통화가 끝나면 식당 분위기가 싸늘해질 것 같았습니다.

그런데 통화를 마친 그는 다시 환하게 웃는 얼굴로 이야기를 시작했습니다. 무섭고 싸늘하게 통화하는 것은 돈을 받기 위한 그의 영업 전략이었습니다. 방금 불같이 화를 내고 태평하게 밥을 먹는 그를 보며 대통령보다 행복한 사람이라는 생각이 들었습니다.

남들과 비교해서 행복한 사람은 하나도 없습니다. 어떤 사람도 남들이 가진 것을 다 가진 사람은 없기 때문입니다. 그리고 남과 비교할 때는 항상 자신에게 없는 것만 비교하게 되기 때문에 비교를 통해 만족을 얻을 사람은 아무도 없습니다.

자기 한 사람 행복하게 하는 것은 그리 어렵지 않습니다. 모든 사람의 눈에 행복하게 보이려 하기 때문에 힘든 것입니다. 사람들 생각이 얼마나 다양합니까? 그들 모두의 눈에 행복하게 보이는 것은 불가능합니다.

그런데 우리는 자신의 행복이 아닌 남들에게 보이는 행복을 추구합니다. 그래서 세상 모든 사람의 눈에 부러워 보일 정도의 행복을 찾습니다. 결국 그런 이유로 우리는 죽을 때까지 행복하지 못한 삶을 살게 됩니다.

미국의 작가 게일 훼일은 만족을 갖고 사는 사람들의 조건에 대해서 다음과 같이 이야기했습니다.

삶과 뜻에 분명한 방향을 가진 사람,
허무와 실망에 매이지 않는 사람,
앞날의 계획을 믿음과 용기로 하나씩 성취하는 사람,
누군가를 무척 사랑하는 사람,
신뢰할 친구가 많은 사람,
낙천적이고 비밀이 없는 사람,

자기비평에 신경 쓰지 않는 사람

만족한 인생은 그리 많은 것이 필요하지 않습니다. 대단한 학벌이나 재산이나 권력이나 실력이 필요한 것도 아닙니다. 누군가를 사랑하고, 친구가 있고, 남의 말에 신경 쓰지 않는 정도면 충분히 행복할 수 있습니다. 너무 많은 꿈이나 높은 비전으로 스스로를 괴롭히지 말고, 불행하게 만들지 마십시오.
도움이 될 만한 성경구절을 소개 합니다.

> 우리가 세상에 아무것도 가지고 온 것이 없으매 또한 아무것도 가지고 가지 못하리니 우리가 먹을 것과 입을 것이 있은즉 족한 줄로 알 것이니라 (디모데전서 6:7,8)

세상 모든 것을 다 볼 필요도 없고, 다 알 필요도 없습니다. 그저 내가 살기에 불편하지 않을 정도만 보고, 듣고, 알면 됩니다. 너무 많이 보고 들으면 삶이 복잡해질 뿐입니다.
세상엔 알아야 할 것보다 몰라도 되는 것이 더 많고, 해야 할 일보다 하지 않아도 될 일이 더 많습니다. 현대인들은 너무 많은 정보를 감당하지 못해서 오히려 불행해지고 있습니다.

지하철을 타고 가던 철수의 배가 요동치더니 자꾸 방귀가 나오려고 했습니다. 몇 번을 참았지만 결국 참지 못하고 조용히 방귀를 뀌고 말았습니다. 주위 사람들이 마음에 걸려 고개를 푹 숙이고 모른 체했습니다.

잠시 후 소리를 죽여 가며 또 방귀를 뀌었습니다. 이번에는 고개를 돌려 주위를 보다가 어떤 여자와 눈이 마주쳤습니다. 무안한 철수는 얼른 고개를 돌렸습니다. 그리고 또다시 철수는 방귀를 뀌었고 슬그머니 주위를 둘러보다가 좀 전의 그 여자와 다시 눈이 마주쳤습니다.

쑥스러운 철수는 얼른 고개를 돌렸습니다. 그러기를 두세 번 더 반복하자 철수와 눈이 마주쳤던 그 여자가 다가와서는 철수에게 소리쳤습니다.

"그래, 내가 뀌었다. 그렇다고 그렇게 쳐다보면 어쩔건데. 넌 방귀 안 끼고 사냐?"

사람들은 철수가 방귀를 뀐 것에 관심이 없었습니다. 자기 혼자 쑥스러워 주위를 두리번거린 것입니다. 그러다가 자신과 같은 상황에 처한 여자와 눈이 마주쳤고, 두 사람은 서로에게 부끄러워하였습니다.

남들은 나에 대해 나만큼 관심이 없습니다. 그럴 수도 있다고 생각합니다. 그렇지만 실수한 나만 절대 그래서는 안 된다고 자신을 책망합니다. 그리고 불행해집니다.

모든 사람은 자신을 생각하기에도 시간이 부족합니다. 나에 대해서는 돌아서면 잊어버립니다. 나의 실수나 잘못을 되새기는 사람은 나 자신뿐입니다. 나는 남에 의해 불행하지 않고 나로 인해 불행한 것입니다.

사람들은 자기편을 만들기보다 적을 키우는 데 더 열심을 냅니다. 남들이 내 불행을 바라고 있다고 생각해서 남들을 원망의 눈으로 바라봅니다. 그런 눈을 갖게 되면 그 눈빛에 의해 사람들은 나를 경계하게 되고, 나는 더 확신을 갖고 사람들을 비관적인 시각으로 바라보게 됩니다.

실상 사람들은 나에 대해 아무 생각이 없습니다. 내가 스스로 그들을 원망하고 있을 뿐입니다. 내가 행복하기 위해 물리쳐야 할 가장 큰 적은 바로 나 자신입니다. 스스로 만든 생각, 남들이 나를 싫어한다는 상상이 나를 공격하고 있습니다.

나의 적은 나 자신입니다. 사람들은 나의 적이 되고 싶은 생각이 없습니다. 스스로를 힘들게 하지 말고 자신을 불행하게 만들지 마세요! 자기 스스로에게 적이 되지 마십시오.

힘든 일을 당하고도 여전히 살아 있으면 누구든 영웅입니다.

50
상처는 훈장이다

오(吳)나라 군주 손권(孫權)이 선성(宣城)에 주둔하고 있을 때 산월 부족들에게 기습을 당했습니다. 손권의 목숨이 위태롭게 된 상황에서 주태가 용감하게 나서서 손권을 구했습니다. 그 과정에서 주태(周泰)는 열두 군데나 큰 상처를 입었습니다.

그 후로도 주태는 위급할 때마다 손권의 앞에 나서서 죽을 고비를 대신 당했습니다. 그런 주태를 신임한 손권이 그에게 요직을 하사했습니다. 주변 장수들은 그를 시기하여 불만을 토로하였고, 주태의 명령을 따르지 않는 사람들도 있었습니다.

손권이 모든 장수들을 모아 잔치를 베풀었습니다. 연회가 무르익을 때쯤 손권이 주태에게 웃옷을 벗으라고 하였습니다. 갑작스런 말에 주태는 망설이고, 주변 사람들은 웅성거렸습니다. 망설이던 주태가 옷을 벗자 몸에는 상처가 가득했습니다.

주태의 옆으로 다가간 손권이 그의 몸에 있는 상처를 가리키며 물었습니다.

"이 상처는 언제 생긴 것이요?"

"군주 앞에서 창을 막다가 생긴 것입니다."

"이 상처는?"

"군주에게 날아오는 검을 막다가!"

"이 상처는?"

"그것도 역시 군주를 겨냥한 화살을 막다가 생긴 것입니다."

"이 모든 상처가 나를 대신해서 생긴 것이로군!"

그 후로 주태를 시기하던 장수들은 그의 진가를 알게 되었고, 아무도 그의 자리를 시기하지 않게 되었습니다.

전쟁의 상처는 장수의 가치를 보여 주는 증거입니다. 말이 필요 없습니다. 인생의 상처, 마음의 상처 또한 삶의 가치를 보여 주는 흔적입니다. 세상살이에서 생기는 아픔과 상처는 얼마나 성실히 살아왔는지에 대한 증거입니다.

상처 하나 없는 사람은 세상을 제대로 산 사람이 아닙니다. 어떻게 힘한 세상을 살면서 상처 한 번 입지 않을 수 있습니까? 그는 아직 덜된 사람이고, 되다 만 사람입니다. 흙먼지를 뒤집어쓰지 않는 훈련은 없고, 실수하지 않는 연습은 없습니다.

상처가 많은 것은 훈장이 쌓이는 것입니다. 상처에 매달려 약해지지 말고 당당하게 상처를 이기고 살아남았음을 보여 주어야 합니다.

"나니까 살았지! 너 같으면 벌서 끝장났다."

이런 마음이 상처와 아픔에 대한 자세입니다.

"나 상처 많은 사람이야!" 하면서 울지 말고, 상처를 훈장으로 여기며 고이고이 간직해야 합니다. 모든 상처는 잘하려는 과정 중에 생기는 것이고, 착하고 충성된 사람에게 주어지는 상장입니다.

고난은 인물을 만드는 필수 과정입니다. 훈련받지 않은 병사는 전쟁에서 승리할 수 없습니다. 전투에 참가하지 않은 병사에게 훈장은 수여되지 않습니다. 죽을 고비를 넘기며 총탄과 위험을 넘어선 사람에게만 훈장이 있습니다.

연습하지 않은 선수는 금메달을 딸 수 없습니다. 피나는 훈련과 연습, 반복에 의해 박수받는 자리에 오르게 됩니다. 고민하지 않고 고생하지 않은 사람은 세파를 넘어설 수 없습니다. 고민하는 힘이 다가오는 모든 문제를 해결할 능력을 줍니다.

인생의 교훈, 삶의 진리는 저절로 깨달아지지 않습니다. 당면한 문제와 고난을 해결하기 위해 애쓰고, 고민하고 사방팔방으로 뛰어다녀야 얻게 됩니다.

어른들의 말을 이해하는 것은 한순간이지만 그 말의 깊이를 아는 것은 어른들만큼 고통을 당한 후입니다. 고난당한 후에라도 깨달으면 다행입니다. 깨닫지는 못하고 억울함만 배우면 겪어 낸 고통도 약이 되지 않고 독이 됩니다.

깨달은 사람만 고난이 유익인 것을 알게 됩니다. 깨닫지 못하면 고난을 당하고도 더 큰 고난을 향해 달려갑니다. 어려움을 잘 겪은 사람은 힘든 일을 이겨내는 면역이 생기고, 어려움을 잘 못 겪은 사람은 힘든 일을 만날 때마다 걸려서 넘어집니다.

힘든 일을 당하고도 여전히 살아 있으면 누구든 영웅입니다. 상처는 감추어야 할 부끄러움이 아니라 인생의 훈장입니다. 아픔은 고통을 이기기 위한 치료제입니다. 역경을 이기면 그 후론 어떤 일을 당해도 불행하지 않게 됩니다.

51
혼자 행복한 1등

1등 하나를 위해
수천 명, 수만 명이 불행합니다.
2등도 꼴찌와 다를 바 없이 불행합니다.
1등 하나만 존재하는 세상엔 모든 사람이 불행합니다.
등수가 아닌 개성을 유지하며 살 수 있는 세상을 만들어야 합니다.
성공하지 않아도 괜찮습니다.
성공 안 해도 잘 살 수 있습니다.
1등하지 않아도 행복할 수 있습니다.
내 주위에 있는 사람들은 다 1등 아닌 사람들입니다.
나는 그 사이에서 행복합니다.
1등이 될 필요도 없습니다.
나는 1등과 살기 싫습니다.

내가 2등이 돼야 하기 때문입니다.

나는 1등이 되기 싫습니다.

나와 같이 있는 사람이 2등이나 꼴찌를 해야 하기 때문입니다.

1등 안 하고 지금 이대로 잘 사는 게 정답입니다.

52
붕어빵 여섯 개의 행복

집으로 가는 길
신호등 건너편에
풀빵 장수가 생겼습니다.
미니 붕어빵 6개 천 원!
얼마나 작은가 보니 정말 작았습니다.
한 입에 하나 넣으면 딱 맞을 크기입니다.
혼자 12개는 먹어야 만족할 것 같습니다.
단발머리 여학생 네 명이 그 앞에서 한참을 망설였습니다.
서로에게 눈짓을 하다가 대화를 시작했습니다.
천 원을 모으기 위해 의논하는 모양입니다.
결국 동전을 모아서 풀빵을 샀습니다.
천 원을 만들기 위해 각자 주머니를 털었는데
더 낸 사람 덜 낸 사람이 있었습니다.

가진 게 얼마 없고, 금액이 맞지 않았습니다.
하여튼 6개를 사서 돈 더 낸 아이는 두 개
덜 낸 아이는 한 개를 먹습니다.
둥그렇게 서서 미니붕어빵을 하나씩 입에 넣는데
그 모습이 얼마나 행복한지, 한참을 바라보았습니다.
누군가 자기들을 유심히 보는지도 모르고
마냥 좋아하며 붕어빵을 조금씩 뜯어먹었습니다.
내 눈엔 그 모습이 마치 천사 같았습니다.
풀빵 6개에 저렇게 행복하다니.
어떻게 돈을 모았는지 모르지만
두 명은 두 개를 먹고, 두 명은 한 개를 먹으며
둘러서서 행복한 표정으로 서로의 먹는 모습을 가려 주며
자기들만의 행복한 공간을 만들었습니다.
아무도 들여다 볼 수 없는 비밀의공간이 만들어졌습니다.
신호등이 바뀌어서 사람들이 몰려가는데도
여전히 머물러서 붕어빵과 친구들에게
정신을 빼앗기고 있었습니다.
같이 먹을 친구가 있어서 좋고,
먹는 모습을 가려 줄 친구가 있어서 좋고,
같이 배고픈 친구가 있어서 좋고,
계산이 맞지 않아도 돈을 모을 친구가 있어서 좋고,
함께 둘러설 친구가 있어서 좋고,
남을 의식하지 않고

함께 배고픔에 전념할 친구가 있어서 좋습니다.
붕어빵 6개로 신호등 아래서 네 명의 여학생이 행복합니다.

53
사랑인가 거래인가?

사랑한다고 말은 하는데
우리는 무엇을 계산하고 있습니까?
준 만큼 받기를 바라는 이 마음이 과연 사랑일까요?
시월드, 처월드, 남자, 여자, 공정하길 바랍니까?
그건 사랑이 아닌 거래입니다.
어느 쪽도 손해보지 않는 것은 공정거래위원회의 비전입니다.
사랑은 다 주고도 아깝지 않고,
대신 죽어도 행복한 것입니다.

사랑할 자신이 없다면 당당하게 거래하십시오.
장사꾼은 망해도 상처는 입지 않는 것처럼.
받은 만큼 주고, 준 만큼 받으면
평생 상처 입을 일은 없을 것입니다.

사랑으로 위장된 거래는 결국 아픔으로 끝납니다.
거래를 사랑으로 포장하지 마십시오.
포장된 사랑보다 정당한 거래가 낫습니다.
준 만큼 받고 싶다면 사랑이라고 말하지 마십시오!
내가 싫어서 떠날 때도 다 줄 수 있는 것이 사랑입니다.

지금 사랑하고 있습니까?
거래하고 있습니까?
사랑할 자신이 없다면
차라리 뒤끝 없게 거래하십시오!

54
듣기 싫은 말은 하지 말라

왜 사람들이 말을 듣지 않을까요?

들기 싫은 말을 하기 때문입니다. 말을 듣게 하려면 들을 만한 말을 해야 합니다. 먹기 싫은 것을 먹지 않듯 듣기 싫은 말을 들을 사람은 없습니다.

'왜 내 말을 안 듣지?' 하고 생각하기 보다보다

'내가 들을 말을 하고 있나?' 하는 생각을 해야 합니다.

두 번 말해서 안 들으면 그만하십시오.

더 하면 싸움만 날뿐입니다.

그럼 어떻게 하냐고요?

그런 말 하지 않고 그냥 살면 됩니다.

듣기 싫은 말보다 아무 말 안 하는 게 낫습니다.

일전에 나이 지긋한 선배가 나에게 다가와서 말 좀 전해 달라고

듣기 싫은 말보다 아무 말 안 하는 게 낫습니다.

이야기했습니다. 제3자를 가리키며 행동이 바르지 못하니 정신 차리라는 말을 전하라는 것입니다. 그래서 내가 물었습니다.

"직접 하시는 게 낫지 않을까요?"

"내가 하면 별 효과가 없을 것 같아! 자네는 여러 사람이 좋게 생각하고 있으니까 나보다 훨씬 나을 거야!"

계속 거절하기가 어려워서 그러겠다고 약속하고 대화를 마쳤습니다. 그 후로 선배의 충고를 전달할 기회를 찾았지만 차마 전달할 수 없었습니다. 아무래도 기회는 오지 않았습니다. 그러다가 선배가 그 제3자와 사이좋게 지내는 모습을 목격했습니다.

나에게는 정신 차리라는 말을 전하라고 해 놓고 자신은 정신 못 차린 그와 친하게 지내고 있는 것입니다. 자신이 하기 싫은 말을 나에게 대신 시켜 놓고 정작 자신은 그런 내색조차 하지 않고 지내는 것입니다.

그 후로 저는 어떤 사람이 하는 말도 본인에게는 전달하지 않습니다. 내 마음속에서 울리는 말이라도 듣기 싫은 소리는 결코 밖으로 꺼내지 않습니다. 그래서 내 마음속에는 사람들에게 하지 못한 말들이 수도 없이 쌓여 있습니다.

전하면 아픔이 될 말, 찌르는 말, 괴로운 말, 손해를 주는 말, 안 듣는 게 나은 말, 유익하지 않은 말, 속상할 말, 모르는 게 좋은 말, 나쁜 말, 속이는 말, 마음속에 가두어 두고 혼자만 가지고 있어야 할 말들.

이런 말들이 내 마음의 어두운 곳에 모여서 언제고 빠져나갈 기회를 노리고 있습니다. 그것들은 내 마음에서 벗어나는 순간 온갖 말썽을 일으키고 다닐 것입니다. 그래서 나는 하지 못한 말들을 마음속 깊이 쌓아 놓고 있습니다. 그렇게 시간이 흐르면 그 말들은 조용히 어둠 속으로 사라져 갑니다.

말을 듣게 하려면 듣기 좋은 말을 해야 합니다. 듣기 싫은 말을 하면서 왜 안 듣냐고 하면 상대가 무슨 말을 할 수 있겠습니까? 듣기 싫은 소리를 할 수밖에 없다면 잘 들을 수 있게 포장해야 합니다.

깐깐한 교관이 고된 훈련을 마친 신병들을 데리고 식당으로 들어갔습니다. 병사들은 배가 고파 빨리 식사를 하고 싶었지만 교관의 잔소리가 이어졌습니다.

"이 식당에는 세 가지 규칙이 있다. 첫째, 〈입 닥쳐!〉 아무도 식사 중에 떠들 수 없다! 둘째, 〈빨리 먹어〉 먹는데 최선을 다해야 한다. 입을 쉴 새 없이 움직이고 계속 삼킨다! 셋째, 〈일어서〉, 밥을 먹는 중이라도 일어나라고 하면 당장 일어서야 한다! 알았나?"

교관의 말에 병사들이 큰 소리로 대답했습니다.

"교관님! 알겠습니다."

교관은 병사들이 잘 알아들었는지 확인하기 위해 다시 한 번 물었습니다.

"다 같이 내가 묻는 말에 대답한다! 식당에서의 첫 번째 규칙이 뭔가?"

병사들은 상사의 질문에 항상 호칭을 먼저 붙이도록 교육을 받은 상태였습니다. 그래서 교육받은 대로 모든 병사는 일사분란하게 대답했습니다.

"교관님! 입 닥쳐!"

첫 질문의 대답이 끝나고 병사들 사이에서 묘한 분위기가 형성되었습니다. 병사들이 지금 교관에게 하고 싶은 말 그대로가 첫 질문의 대답이었기 때문입니다. 제발 교관이 입 좀 닥치고 밥이나 먹게 해 주면 좋겠다는 심정이 그들이 외치는 구호에 자연스럽게 담기게 된 것입니다.

첫 질문을 던진 교관이 병사들의 묘한 분의기를 파악했는지 두 번째 질문은 하지 않고 식사가 시작되었습니다. 식당의 첫 번째 규칙은 병사들이 교관에게 간절히 하고 싶은 말이었습니다. "입 닥치고 밥이나 먹자!"

입 닥치라는 말을 할 때는 좋지만 들을 때는 절대 좋지 않습니다. 내가 듣기 좋은 소리는 남도 듣기 좋고 내가 듣기 싫은 소리는 남도 듣기 싫습니다. 그러므로 해도 되는 말과 해서는 안 되는 말의 기준은 내가 듣기에 좋은지 아닌지 입니다.

우리는 왜 듣기 싫은 말을 할까요?

이해력이 부족하기 때문입니다. 상황에 대한 오판과 사람을 이해하지 못하면 듣기 싫은 말을 하게 됩니다. 사람과 사건과 세상사에 대한 이해력이 있어야 듣기 좋은 말을 하게 됩니다.

"저 사람 왜 저래?"

많은 사람들이 누군가를 가리키며 이야기 합니다. 그런데 알고 보면 그럴만한 일이 있습니다. 다른 사람의 상황을 이해하지 못하면 함부로 이야기하게 됩니다. 함부로 이야기하는 사람들이 늘 하는 말이 있습니다.

"그래도 나는 뒤끝은 없어!"

듣기 싫은 말을 자기 맘대로 지껄이고 나서 뒤끝까지 있으면 그게 사람입니까? 할 말 다 하고, 상처 줄 거 다 주고, 자기 기분 다 푼 사람이 무슨 뒤끝이 있겠습니까?

날카로운 말은 사람을 찌르는 칼과 같습니다. 그 말에 찔리면 피가 나지는 않지만 피를 흘리는 것보다 더 큰 아픔에 시달리게 됩니다. 함부로 말하는 사람들이 흔히 사용하는 핑계가 "난 아무 짓도 안 했어?"입니다. 혹시 우리 중에 이런 말을 자주 사용하는 사람이 있다면 그는 칼보다 예리한 말로 사람들을 찌르고 다니는 사람입니다.

말에 찔리는 것보다 차라리 칼에 찔리는 것이 낫습니다. 칼에 찔리면 치료도 받을 수 있고 상처가 아물 때까지 환자 대접이라도 받을 수 있기 때문입니다.

솔로몬은 다투는 여인과 함께 큰 집에서 사는 것보다 움막에서 혼자 사는 것이 낫다고 하였습니다. 듣기 싫은 말이 얼마나 사람을 힘들게 하면 부자로 사는 것보다 가난하고 외롭게 사는 것이 낫다고 했을까요?

두 번 말해도 안 듣는 것은 듣기 싫은 소리기 때문입니다. 내가 생각하기엔 좋은 말 같아도 남이 듣기엔 좋은 말이 아닙니다. 사람들이 내 말을 안 듣는다고 탄식하기 전에 내가 들을만한 말을 하고 있는지 잘 생각해 보십시오!

55
보기 싫은 짓을 하지 말라

전철을 탔는데 중년 남성이 다리를 쩍 벌리고 앉은 모습이 보였습니다. 오른편에 앉은 학생이 무릎을 모아서 떠밀린 채 앉아 있고 왼편 자리는 비어 있었습니다. 빈자리에 앉기 위해 내가 다가가도 남자의 벌어진 다리는 좁혀지지 않았습니다.

사람이 옆에 앉으면 적어도 경계를 넘어간 다리를 오므려야 하는데, 그는 그 정도의 예의도 없는 사람이었습니다. 쩍 벌어진 다리를 피해 기울여 앉았습니다. 전철에서의 자리도 먼저 앉은 사람의 텃세가 있긴 하지만 일단 자리에 앉고 나면 권리는 동등해집니다.

전철에서 옆 사람의 벌어진 다리를 오므리게 하는 방법은 출발할 때와 멈출 때 몸이 기울어지는 순간을 이용하면 됩니다. 다음 정류장에 도착하기 위해 전철이 속도를 줄이는 순간을 이용해 몸이 쏠리는 척하면서 벌어진 다리를 살짝 밀어보았습니다.

그런데 그의 다리는 조금도 밀리지 않았습니다. 벌어진 그의 다리는 평소 습관이 아니라 의도적으로 벌린 후 단단히 힘을 주고 있는 것이 느껴졌습니다. 무의식중에 다리가 벌어진 사람은 떠밀리는 순간 자연스럽게 다리가 좁혀집니다. 하지만 의식적으로 다리를 벌린 사람의 다리는 절대 좁혀지지 않습니다. 그런 사람은 내릴 때까지 힘을 주고 같은 자세를 유지합니다. 그런 사람은 건드려서 좋을 건 없습니다.

슬쩍 시도한 다리 밀어내기가 실패한 후 침략당한 자리 찾기를 포기한 채 팔짱을 끼고 눈을 감았습니다. 서너 정거장을 더 가서 전철이 멈추고 하차 승객들이 다 내린 후 승차하려는 사람들이 올라타려는 순간이었습니다. 다리를 벌리고 있던 남자가 갑자기 일어나더니 후다닥 밖으로 튀어나갔습니다. 그가 떠나자 두 사람이 앉아도 될 만큼 큰 자리가 생겼습니다.

그가 내리는 순간 어떤 사람인지 궁금해서 고개를 들고 얼굴을 확인했습니다. 그랬더니 남의 자리를 충분히 빼앗고도 남을 사람의 얼굴이었습니다. 그가 내리는 모습을 확인한 후 주위를 둘러보니 여러 사람들이 그의 뒷모습을 바라보고 있었습니다. 아무도 말은 하지 않았지만 그의 보기 싫은 행동은 여러 사람들에 의해 관찰되고 있었던 것입니다.

자기 혼자 넓게 앉으려고 옆 사람을 불편하게 하고, 내릴 곳에 다 와가도 미리 일어나지도 않고, 내려야 할 순간까지 자리를 차지하고 있다가 마지막 순간에 소란을 피우며 뛰어내리는 행동으로 그는 과연 얼마나 행복했을까요?

보기 싫은 짓을 하면 꼴 보기 싫은 사람이 됩니다. 다시는 얼굴 대하기 싫고, 옆 자리에 앉아 있는 것만으로도 기분 나쁜 사람이 됩니다. 한순간 머물다 떠날 자리에 왜 그렇게 집착할까요?

전철이나 버스에서 아무리 좋은 자리에 앉아 있을지라도 내려야 할 곳에 도착하면 일어나야 합니다. 인생도 마찬가지입니다. 떠나야 할 순간이 오면 모든 걸 두고 홀로 떠나야 합니다. 남은 사람들은 떠나는 뒷모습을 보며 생각합니다.

"독한 것!"

"왜 저렇게 살아?"

"하는 짓거리라곤!"

"사는 꼴 하고는!"

전철 문이 열리면 빈자리에 앉기 위해 앞 사람을 밀치고 달려가는 사람이 있습니다. 나이가 들었든 아니든 그런 사람은 다시 한 번 쳐다보게 됩니다. 참 꼴 보기 싫습니다. 막히는 길에서 두 차선을 가로막고 언제든 열리는 차선으로 끼어들려는 운전자, 자리가 없어서 서성이는 사람들이 있는데 빈자리에 가방을 올려놓고 태연한 척하는 사람, 현금 기계 앞에서 두 자리 중간에 서 있는 사람은 무심한척 지나가며 얼굴을 다시 한 번 보게 됩니다.

그런 짓을 하면서 행복할 수 있을까요?

보기 싫은 짓을 하면 결국엔 모든 사람에게 외면당하게 됩니다. 보고 싶은 짓을 해야 보고 싶은 사람이 됩니다. 사람 대접을 받으려면 사람다운 짓을 해야 하고, 어른 대접을 받으려면 어른다운 짓을 해야 하고, 존경받으려면 존경할 만한 일을 해야 합니다. 약 아빠진 행동으론 손가락질을 받게 됩니다.

병사들이 야외 훈련을 하고 있었습니다. 교관이 솔방울을 던지며 "수류탄이다!"하고 소리치자 병사들은 평소 훈련받은 대로 즉시 옆으로 피해 땅바닥에 엎드렸습니다. 그 모습을 보고 교관이 병사들에게 혀를 차며 나무랐습니다.

"역시 내 예상대로군. 너희들 가운데 진정한 군인은 한 명도 없다. 수류탄을 덮쳐서 다른 동료를 구할 놈은 하나도 없단 말이야!"

잠시 후 교관이 다시 솔방울을 던지며 소리쳤습니다.

"수류탄이다!"

조금 전에 훈계를 들은 병사들은 이번엔 모두 솔방울을 덮쳤습니다. 같은 방향으로 달려들던 병사들은 서로 부딪히기도 하고 떠밀리기도 하며 아수라장이 되었습니다. 하지만 교관의 장난 같은 훈련을 간파한 병사 한 명이 뛰어들지 않고 자기 자리를 지키고 서 있었습니다. 화가 난 교관이 병사에게 소리쳤습니다.

"넌 뭐하는 놈이야?"

"한 사람이라도 살아서 사건을 보고해야 할 거 아닙니까? 다 죽으면 누가 보고 해요?"

병사의 말을 들은 교관이 모든 병사가 들을 수 있게 소리쳤습니다.

"그래? 그러면 이제부터 너 혼자 죽고 다른 병사들은 모두 살아서 보고한다!"

"폭탄이다!"

잔꾀를 부리던 병사는 교관의 주머니에 있는 솔방울이 다 떨어질 때까지 계속 혼자 뛰어들어야 했습니다.

자기 혼자 편하기 위한 행동은 보는 사람의 마음에 불을 지릅니다. 그리고 잠시 후에 그에 따른 후유증에 시달리게 됩니다. 잔꾀를 부려 힘든 상황을 혼자 모면하려는 것은 잠깐 편할 수는 있지만 그 후로 오랫동안 꼴 보기 싫은 대상이 됩니다.

보기 싫은 짓은 사람들의 마음에 깊이 새겨집니다. 단 한 번으로 평생 지워지지 않는 이미지를 남기기도 합니다. 기분 나쁘다고 함부로 행동하면 보기 싫은 사람으로 전락하게 됩니다. 기분이 나쁠 때가 더 조심스럽게 행동해야 할 때입니다. 누구든 보기 싫은 짓을 하면 보기 싫은 사람이 됩니다. 보기 좋은 짓을 해야 보고 싶은 사람으로 살 수 있습니다.

> 개가 그 토한 것을 도로 먹는 것같이 미련한 자는 그 미련한 것을 거듭 행하느니라 (잠언 26:11)

56
농담으로 상처받지 말라

식당에서 옆에 앉은 사람들이 떠드는 소리가 들렸습니다. 처음엔 가볍게 시작된 농담이 점점 심해지면서 농담의 대상은 점점 얼굴이 어두워졌습니다. 그리고 마침내 분위기가 냉랭해지더니 대화가 끊어져 버리고 말았습니다.

"야! 저 자식 학교다닐 때 꼴찌였잖아!"
"하하하! 그때만이 아냐! 지금도 꼴찌야! 앞으로도 죽."
"야, 인마! 넌 1학년 때 바지에 오줌 쌌잖아!"
"하하! 맞아 넌 오줌싸개였지!"
"1학년뿐이냐? 졸업식에서도 쌌잖아!"
"그게 다가 아냐! 상탈 때도 바지가 축축하던데!"
"하하하! 늘 바지를 적셔가지고 다녔다고나 할까?"
"하하하!"

"나 간다! 추잡한 놈들!"

많은 사람들이 농담의 정도를 지키지 못해서 싸우고 다툰 후 헤어집니다. 농담은 듣는 사람이 기분 좋을 만큼까지만 해야 합니다. 그 이상은 농담이 아니라 인신공격이 됩니다. 남의 약점을 언급하는 것도 농담이 될 수 없습니다. 농담하다 진짜 싸움이 납니다.

발음이 정확하지 않은 사람에게 친구가 농담을 걸었습니다.
"야, 말 좀 똑바로 해! 드드드! 거리니까 알아들을 수가 없잖아."
그 말을 들은 친구의 얼굴이 굳어지더니 자리를 박차고 일어나서 가 버렸습니다.
"그대! 나 혀 짜버서 드드드 한다. 이 띠반 노마!"

사고 후유증으로 손을 떠는 사람에게 계속해서 한 친구가 농담을 던졌습니다.
"젊은 놈이 80세 노인처럼 왜 그렇게 손을 떨어!"
"또 떠네! 밥알 다 떨어지네!"
"신기하게 떨면서도 입에는 잘 들어가네! 참 다 먹고는 살게 되나 봐!"
결국 참다못한 그가 모임을 끝내는 한마디를 던졌습니다. 그리고 그 후로 다시는 친구들을 만나러 나오지 않았습니다.

"야! 너도 교통사고 당해 봐!"

농담으로 상처받지 않는 비결은
끝까지 농담으로 여기는 것입니다.
진한 농담이든 옅은 농담이든 농담은 농담입니다.
모든 농담은 웃어넘겨야 합니다.
농담 중에 화내지 말고,
농담을 새겨듣지 말고,
농담에 진담을 담지 말고,
돌아서서 다시 생각하지 마세요.

농담에 상처받고
실수에 상처받고
진담에 상처받으면
세상 모든 것이 불행이 됩니다.
정말 하고 싶은 말이 있으면
농담으로 포장하지 말고
아주 비싼 선물 사 주고 아무 말도 안 하면 됩니다.

들어서 속상한 이야기는
진담도 농담으로 듣고,
기분 좋은 이야기는 농담도 진담으로 듣고
막 하는 말, 정신없이 하는 말, 잡담 속에서

깊은 의미를 찾지 말고, 마음에 담지 마세요.
농담 속에 숨겨진 의도를 찾으려고 애쓰지 말고
직접 할 수 없는 말은 농담으로도 하면 안 됩니다.

월세 하숙집을 전전하던 두 친구가 돈을 모아 2층 전세를 얻었습니다. 하지만 따로 살던 두 사람이 한 집에 사는 것은 쉽지 않았습니다. 툭하면 말다툼이 벌어졌고, 그때마다 1층에 사는 주인아저씨가 올라와서 조용히 하라고 고함을 치고 갔습니다.

싸우는 소리가 1층에 들릴 것을 염려해서 조용하게 신경전을 벌이던 어느 날 두 사람은 참지 못하고 다시 고함치며 말다툼을 했습니다. 한참 동안 고성을 지르며 싸우고 있는데 갑자기 현관문이 덜컹 열리며 주인아저씨가 나타났습니다. 깜짝 놀란 두 사람에게 주인아저씨의 불호령이 떨어졌습니다.

"야! 니들이 이 집 전세 냈냐? 도대체 가정교육을 어떻게 받은 것들이야!"

그 한마디를 남기고 아저씨는 씩씩 거리며 내려갔습니다. 아저씨가 내려간 후 두 친구는 서로를 바라보며 동시에 같은 말을 꺼냈습니다.

"우리 이 집 전세 낸 거 맞지?"

그리고는 웃음보가 터져서 정신없이 웃고 나자 싸움은 끝나 버리고 말았습니다. 그 후로도 의견이 맞지 않아 말다툼이 벌어질 상황만 되면 서로에게 농담을 건넵니다.

"우리 전세 맞지?"

"하하하! 그래 전세 맞아! 하하하!"

그러면 심각했던 두 사람의 신경전은 웃음과 함께 끝이 납니다. 그 후론 주인아저씨가 아무리 무서운 얼굴을 하고 나타나도 전혀 무섭지 않고 웃을 수 있게 되었습니다. 오히려 호통치는 것이 귀여워 보이기까지 합니다.

상처될 만 한 것들도 웃어넘기면 농담이 됩니다. 즐겁게 생각하면 모든 것이 즐겁습니다. 심각하게 생각해서 좋은 건 별로 없습니다. 되도록 가볍게 사는 것이 좋습니다. 세상살이에서 항상 즐겁게 생각하고 잘 웃는 것보다 나은 것은 없습니다.

농담이라는 것을 알면 어떤 말도 상처가 되진 않습니다. 진담이라도 상처가 될만 한 것은 농담으로 인식하고 혼자 속으로 웃으면 됩니다. 상처받지 않기로 마음먹으면 상처될 것은 아무것도 없습니다.

57
내가 죽어도 가게 문은 닫지 마라

자기 일을 열심히 하는 것이 행복의 비결입니다. 직장인이 회사를 지각하는 건 대통령이 회담 시간에 지각하는 것과 같습니다. 그 사람 때문에 회사가 어렵고, 세상이 피곤합니다. 학생이 공부 안 하는 건 나라의 미래를 좀먹는 일입니다.

사람은 남의 일로 상 받지 않습니다. 남의 인생으로 행복하지 않고, 대통령 옆집에 산다고 칭찬 듣지 않습니다. 모든 사람은 각각 자기의 일로, 자기 인생으로, 자기의 수고로 대접받습니다.

그런데 많은 사람들이 자기 인생보다 남의 인생에 더 많은 관심을 가지고 살아갑니다. 자기 잘못을 돌아보지는 않고, 남의 잘못만 따지고 있습니다. 자기 책임은 감추고 남의 의무만 떠들고 다닙니다. 여자 연예인 바람난 거 하고 남자 연예인 카드 빚하고 대한민국 국민이 무슨 상관인지? 남의 집 가정사로 온 국민이 분노합니다.

남편과 아내가 잘못했으면 둘이 해결하게 두면 됩니다. 그런데 수많은 사람들이 나서서 간섭하고 참견해서 이러지도 저러지도 못하게 만들어 버립니다. 아내와 남편이 서로에게 잘못했으면 서로에게나 욕먹으면 되지, 전 국민이 욕할 필요는 없습니다. 어떤 사람들은 남의 인생을 욕하고 싶어서 정신이 나간 사람들 같습니다.

동네 슈퍼 주인이 가족들과 함께 차를 타고 가다가 사고를 당해서 혼수상태로 병원에 입원했습니다. 하루가 지나서 깨어나니 가족들이 빙 둘러서서 근심 어린 눈으로 바라보고 있었습니다. 눈이 침침해서 잘 안 보이는지 아내를 불렀습니다.

"당신 어디 있어?"

"나 여기 있어요!"

"첫째는?"

"저! 여기 있어요!"

"둘째는?"

"네, 저도 여기 있어요!"

"그럼 막내는?"

뒤에 있던 막내가 앞으로 나서며 아버지의 손을 잡고 안심시켜 드렸습니다.

"저도 아무 일 없어요! 걱정 하지마세요!"

막내까지 모두 불러서 확인을 하고 나자 아버지가 갑자기 벌떡 일어나며 큰 소리로 고함을 질렀습니다.

"전부 여기 와 있으면 그럼 가게는 누가 보냐? 내가 죽어도 가게 문은 닫지 마라!"

참 성실한 아버지입니다. 사고를 당해서 죽을지도 모르는 순간까지 가게 문을 열었는지를 걱정하고 있습니다. 자기 일에 몰두하는 사람은 행복한 사람입니다. 그는 남의 일에 간섭할 시간이 없기 때문에 남의 실수나 잘못으로 불행하지 않습니다.

하지만 자기 일을 적당히 하는 사람은 할 일이 없고 심심해서 남의 인생을 참견하게 됩니다. 남의 일을 간섭하면 불평밖에 할 것이 없습니다. 잘하면 시기하고, 못하면 비난하기 때문입니다.

내 인생이 행복하기 위해서는 남의 인생이 아닌 내 인생에 몰두해야 합니다. 남의 일에 잘잘못을 따지기보다 내 일이 잘되고 있는 지를 점검해야 합니다. 내가 하는 일이 잘되지 않으면 대통령이 아무리 나랏일을 잘해도 나는 행복할 수 없습니다. 내가 행복하거나 불행한 것은 대통령 때문이 아니라 나 때문입니다.

58
부조화가 모이면 조화가 된다

~~~

멀리서 보면 셀 수 없이 많은 카네이션들이 똑같은 모양을 하고서 바람에 흔들리고 있습니다. 하지만 자세히 보면 카네이션의 꽃잎 모양은 저마다 개성을 가지고 있습니다. 톱니의 모양과 개수, 크기, 방향이 모두 제각각입니다. 그 각각의 다른 것들이 모여서 아름다운 꽃으로 완성됩니다.

세상 만물이 모두 제 각각이지만 그 만물이 모여서 아름답고 완전한 세상을 만들고 있습니다. 하나하나의 작은 개체를 보면 서로 절대 안 어울릴 것 같은데 그것들이 모이면 조화를 이루게 됩니다. 화가의 그림엔 어울리지 않는 색이 있지만 자연의 색깔엔 부조화가 없습니다. 오히려 부조화끼리 모여도 자연스런 조화가 됩니다. 사람의 편견만 빼면 세상에 존재하는 모든 것은 조화롭습니다.

자연에는 부조화란 없습니다. 만물은 사람이 알지 못하는 방식으로 서로 연결되어 있고, 신기하게 조화를 이루고 있습니다. 만물은 사람만 없으면 평화입니다. 만물 사이에 사람이 들어가면 그때부터 조화가 깨지기 시작합니다.

자연과 조화를 이루는 능력이 가장 부족한 존재가 사람입니다. 사람의 방해만 없으면 자연은 스스로 순환하며 조화를 유지합니다. 모든 문제와 부조화가 사람에게서 시작됩니다. 인간의 욕심과 범죄가 부조화를 만들기 때문입니다.

존재하는 모든 것 중에 버릴 것은 없습니다. 맹수와 독사까지도 자연의 생태계 안에서는 생명의 순환과 생태 보존을 위해 반드시 있어야 하는 존재입니다. 자연 그대로의 상황에서는 불행이란 없습니다. 지진이나 화산, 태풍과 홍수 등 자연재해도 불행이 아니라 순환의 일부입니다. 그 모든 것들이 사람과 연결될 때 비로소 불행의 요소가 됩니다.

자연계에서는 일상적인 사건들이 사람과 연결되면 행복과 불행의 요소로 구분됩니다. 그러나 사실은 모든 것이 행복일 수도 있고, 불행일 수도 있습니다. 가을의 따가운 햇살이 도시인에게는 자외선 가득한 산책 방해요소가 되지만 농부에게는 풍성한 결실을 위한 하늘의 축복입니다. 이처럼 존재하는 모든 것들은 행복으로 인식하는 사람에겐 행복이 되고, 불행으로 인식하는 사람에겐 불행이 됩니다.

존재하는 모든 것은 선한 것입니다. 선한 것을 악하게 사용하거

세상에 존재하는 모든 것은 다 그 의미를 가지고 있습니다.

나 나쁜 것으로 인식할 때 부정적인 요소가 됩니다. 부조화도 모이면 조화가 되듯, 불행도 모이면 행복이 됩니다.

다이어트를 결심한 여성이 커피를 한 잔 마시기 위해 카페에 들어가서 자리를 잡고 앉았습니다. 바로 옆 테이블에 앉은 남자가 도넛 2개와 함께 커피를 마시고 있었습니다. 그녀는 커피를 마시러 들어갔지만 도넛 냄새를 맡는 순간 마음이 흔들렸습니다.

커피를 주문하면서 도넛을 머릿속에서 지우기 위해 숨을 멈추었습니다. 가까스로 커피 한 잔을 주문해서 들고 자리로 돌아왔습니다. 그녀가 자리에 앉자 옆에 있던 남자가 도넛 한 개를 통째로 남겨 둔 채 자리에서 일어났습니다.

순간 여자의 마음속에서는 갈등이 일어났습니다. 그리고 결국 도넛이 풍기는 향기의 유혹을 이기지 못한 여자는 슬그머니 손을 뻗어 홀로 남겨진 도넛을 집어 허겁지겁 먹기 시작했습니다.

그녀가 도넛을 거의 먹었을 때쯤 정신을 차리고 고개를 드니 좀 전에 자리를 떠났던 남자가 두 잔째 커피를 들고 돌아와서 놀란 눈으로 그녀를 지켜보고 있었습니다. 과연 그녀는 남자를 향해 어떤 표정을 지었을까요? 만일 내가 바로 그녀와 같은 상황이라면 어떻게 해야 할까요?

부끄러움, 창피함, 실수와 실패, 열등감 등 부정적인 정서와 느낌들이 존재하는 이유가 무엇일까요? 왜 인생은 이러한 안타까운 과정들을 겪어야 할까요? 인생과 결코 조화를 이룰 수 없는 것 같은 요소들이 과연 어떤 의미가 있을까요? 고난과 역경을 지나온 사람들은 이야기합니다.

"어려움을 통해 오늘의 내가 있지! 힘든 과정을 지나오지 않았다면 나는 이만큼 살고 있지 못할 거야!"

어려운 과정에 처한 사람은 인생의 고난이 결코 자신과 조화를 이루지 못하는 요소라고 생각합니다. 하지만 그 과정을 지나온 사람들은 반드시 필요한 과정이라고 이야기합니다. 그 힘든 과정을 통해 생각이 깊어지고 불굴의 투지가 생기고, 겸손할 수 있고, 강한 체질이 만들어진다고 합니다.

대부분 아픔과 상처는 결코 우리의 인생과 어울리는 것이 아니라고 생각하지만 그것 역시 인생에 필요한 요소라는 것을 철이 들면 알게 됩니다. 배고파 보지 않은 사람은 배고픔을 이해하지 못하는 비인간적인 성품으로 살게 됩니다. 억울한 일을 당해 본 경험이 없으면 남의 억울함을 이해할 수 없는 반쪽 인식으로 살게 됩니다.

세상에 존재하는 모든 것은 다 그 의미를 가지고 있습니다. 안 어울리는 것은 없고 조화롭지 않은 것도 없습니다. 어떻게 해야 할지 모를 난처한 상황에 빠져 본 사람은 다음 번엔 어떻게 해야 할지를 알게 됩니다. 불행한 순간도 사실은 행복의 다른 편입니다.

살면서 겪는 터무니없는 실수, 어처구니없는 일들은 지나고 나면 평생 써먹을 이야깃거리가 됩니다. 불행한 순간이 오히려 평생의 훈장이 됩니다. 상처 또한 당할 때는 쓸쓸하고 괴롭지만 지나고 나면 훈장이 됩니다. 주변에서 자기 무용담을 떠벌이는 사람들의 이야기는 거의 비슷합니다. 지나간 고생은 다 자랑이 됩니다.
"여기 나만큼 고생한 사람 있어?" "있으면 나와 봐!"

작가 이외수 씨의 독자 한 사람이 인터넷에 글을 남겼습니다. 우연히 제가 그 내용을 읽게 되었습니다.

독자 : 부인도 미인이고, 책도 많이 팔리고, 돈도 많이 벌고, 인기도 많고 참 좋겠다!"
이외수 : 젊을 때 얼마나 좆 빠졌을 지를 기억해 주세요.

비꼬는 듯 투정 섞인 독자의 말에 이외수 씨는 한마디로 더 이상 토를 달지 못할 결론을 내립니다. 청춘의 역경을 건너지 않으면 원숙한 장년기는 오지 않습니다. 험난한 과거가 없는 어른은 존경받을 수 없습니다. 존경할 만한 내용이 없기 때문입니다.

삶의 모든 것들은 결국 조화를 이루게 될 것입니다. 내가 좋아하는 것과 아닌 것들은 모두 내 인생에 필요한 요소들입니다. 좋은 때와 싫은 때, 행복한 때와 불행한 때, 즐거울 때와 슬플 때, 이 모든 것이 나의 삶을 이루는 인생의 장면들입니다. 하나도 버릴 것이 없습니다. 버릴 수도 없습니다. 그 모두를 끌어안고 행복을 향해 가는 것이 우리의 인생입니다.

59
치우치면 쓰러진다

치우치면 사고 납니다.
오른쪽도 왼쪽도
지나치면 무엇이든 위험합니다.
삶의 균형이 깨질 정도로 기울이지 마십시오.
모든 사람과 멀어지도록 한 사람만을 좋아하지 마십시오.
기울어지면 넘어집니다.
기울기 전에 정신을 차리십시오.
기울기 시작하면 돌이킬 수 없습니다.
잘 돌던 팽이가 기울면 반대편을 쳐야 똑바로 섭니다.
기울어진 쪽을 민다고 올라가지 않습니다.
삶이 기울어지면
지금이 아닌 다른 자리,
매일 먹던 것이 아닌 다른 음식,

만나던 사람이 아닌 다른 사람,
하던 일이 아닌 다른 일이 필요합니다.

중심을 잃으면 넘어집니다.
중심을 잡는 것은 무엇보다 중요합니다.
가족과 직장 중에,
건강과 일 중에,
아들과 딸 중에,
첫째와 둘째 중에
배우자와 자녀 중에
중심을 잃으면 다 잃습니다.

삶은 구르지 않으면 넘어집니다.
넘어지지 않으려면 계속 앞으로 가야 합니다.
성장하고 발전해야 넘어지지 않습니다.
살아 있다면 계속 배워야 합니다.
더 이상 배울 게 없다고 생각 하면
삶은 멈추게 됩니다. 그리고 넘어집니다.
넘어지지 않기 위해 날마다 나아져야 합니다.
하루를 살면 하루만큼 배워야 하고
평생을 살려면 평생 살만큼 배워야 합니다.

한 사람 말만 듣지 마십시오.

한 사람 말로 판단하면 여럿에게 실수합니다.
모든 사람은 자기 입장에서 이야기 합니다.
자기편을 들 수밖에 없는 것이 사람입니다.
내 말은 내편이고 너의 말은 네 편입니다.
한 사람 편만 들지 말고,
내 편을 만들려고 애쓰지 마십시오.
모든 사람은 정당하고 진실한 편이 돼야 합니다.
내 편이든 남의 편이든 치우치면 누구라도 나쁜 놈이 됩니다.

모든 단지에는 손잡이가 두 개입니다.
모든 일에도 항상 두 가지 측면이 있습니다.
좋은 면이 있고 나쁜 면이 있습니다.
둘 다 볼 수 있어야 합니다.
불행과 행복은 함께 다닙니다.
현재의 상황을 과거와 미래에서 보면
다른 것이 보입니다.

> 우로나 좌로나 치우치지 말라 그리하면 어디로 가든지 형통하리니 (여호수아 1:7)

동네 사람들이 모두 알 만큼 가난하게 사는 할머니가 있습니다. 여러 해 전에 하나밖에 없는 아들이 미국으로 갔는데 돌아오지 않았습니다. 혼자 사는 할머니는 동네 사람들의 도움으로 근근이 생활을 이어나가고 있었습니다. 친척이 할머니를 방문해서 아들이 잘 있는지 물어보았습니다.

"미국 간 아들이 연락은 돼요?"

"응! 한 달에 한 번씩 편지를 보내!"

"돈은 좀 보내줘요?"

"돈은 아니고 좋은 그림을 하나씩 보내고 있어!"

친척은 할머니를 버리고 간 아들에게 욕이라도 해 주고 싶은 생각을 참고 그림을 좀 보자고 하였습니다.

"무슨 그림을 보내는지 한 번 봐요!"

"그래! 아주 좋은 그림인가 봐! 잘 쓰라고 하는데 어디 쓰는 건지 알 수가 없어!"

할머니는 그동안 모은 아들이 보낸 그림을 보여 주었습니다. 할머니가 보여 준 그림은 아름다운 그림을 배경으로 만들어진 은행 수표였습니다. 할머니는 아들이 보내 준 그림이 수표라는 것을 알아보지 못해서 동네 사람들의 도움으로 근근이 살아야 했습니다. 편지와 수표 두 가지가 함께 오지만 할머니는 수표를 알아보지 못했습니다. 그래서 가난했습니다.

할머니 눈으로 보기엔 아들이 왜 그림을 보내는지 알 수 없었지만 친척의 눈으로 보면 그림은 할머니가 넉넉히 살 수 있는 생활비입니다. 사물의 가치를 알아보는 눈이 없으면 보석도 돌덩이가 됩니다.

내 생각과 너의 생각 사이에서
내가 보는 것과 네가 보는 것 사이에서
내가 하는 일과 남이 하는 일 사이에서
행복과 불행 사이에서 중심을 잃으면
무엇이 행복인지 알 수 없게 됩니다.
불행의 단지에 행복이 담겨 있고,
행복의 단지에 불행이 담겨 있습니다.
불행을 열어보고 힘을 얻고,
행복을 열어보고 겸손해야 합니다.

60
감정에 몸을 맡기지 말라

⁕

사람의 기능 중에 가장 변화무쌍한 것이 감정입니다. 아침저녁으로 바뀌고 순간마다 달라지고, 말한마디에도 하늘 높이 솟아올랐다가 바닥으로 추락합니다. 원인을 알 수 없는 현대인의 질병들은 모두 신경성이라는 진단이 내려집니다.

감정은 이처럼 신체의 모든 기관과 연결되어 있습니다. 실제로 기분이 나쁘거나 충격을 받으면 손발이 떨려서 걷거나 움직일 수 없고, 심하면 쓰러져서 일어나지 못하는 경우도 있습니다. 그러므로 감정을 조절하지 못하면 몸이 병들게 됩니다.

감정에 몸을 맡기면 몸은 감정의 변화만큼 우여곡절을 겪게 됩니다. 화가 난다고 몸으로 화를 표현하면 안 됩니다. 삿대질하거나 고함치거나 손을 휘두르면 감정에 의해 몸이 상하게 됩니다.

정신을 잃을 정도로 화내는 사람은 감정으로 몸을 죽이고 있는

것입니다. 기침을 심하게 하면 온몸의 근육이 경직되어 몸살이 나
듯 감정을 다 표출하는 것은 대책 없이 기침을 반복해서 몸을 병들
게 하는 것과 같습니다.

감정에 몸을 맡기면 감정만큼 몸도 축나게 됩니다. 기침을 다스
리듯이 감정도 다스려야 합니다. 약을 먹든 물을 마시든, 참아내
든 무조건 고쳐야 합니다.

슬픔과 서운함을 참기 위해서는 감정적인 문제가 아니라 몸의
문제로 인식하는 것이 좋습니다. 감정의 변화는 혈액 속의 적혈구
수와 연결 되어 있습니다. 적혈구 수가 많고 적음에 따라 슬프기
도 하고 즐겁기도 합니다. 그러므로 감정의 변화가 생기면 대상을
생각하며 감정을 부추기기보다 신체 변화에 의한 자각현상으로
인식하고 치료 방법을 찾는 것입니다.

속상하게 하는 사람 때문에 슬픈 것이 아니라 적혈구 수가 부
족하다고 생각하는 것입니다. 일상적으로 겪는 것 이상으로 우울
한 것은 몸의 균형이 깨진 것이므로 일종의 병이라고 할 수 있습니
다.

감기를 치료하기 위해 약을 먹듯 지나치게 우울한 상태는 약을
먹어서라도 치료해야 합니다. 그 우울한 감정에 몸을 맡긴 채로
살면 몸도 병이 들게 됩니다. 누군가를 원망하지 말고 복통 약을
먹듯, 원망을 이길 수 있는 처방을 내리는 것이 좋습니다.

"있는 그대로의 정신은 항상 우수에 쌓여 있다"

철학자 헤겔(Hegel)이 한 말입니다. 발전하지 않는 정신은 항상

우수에 싸여 비탄에만 잠기려 합니다. 그 상태에서는 더 이상 생각하지 않는 것이 좋습니다. 그런 상황에서는 아무리 생각해도 위험한 줄타기밖에 되지 않습니다. 줄타기는 잘해 봐야 본전이고 실수하면 떨어질 뿐이기 때문입니다.

가만 있으면 사람은 누구나 낭만적이 되고, 슬프고 우울해집니다. 한평생을 살다 보면 누구나 상처와 아픔을 경험합니다. 혼자 있거나 외로운 시기엔 평생 겪은 모든 아픔들이 생각의 수면 위로 떠오르기 시작합니다. 그 아픔을 되새기기 시작하면 모든 사람은 슬픔의 수렁으로 빠져들게 됩니다.

그때 슬픈 감정에서 끌어올려 줄 사람의 도움이 필요합니다. 나 아닌 다른 사람의 말 한마디면 우수에 젖은 감성이 밝은 태양을 보게 됩니다. 명언 한 줄, 위로 한마디, 차 한 잔의 대화가 죽을 만큼 힘든 정서에서 빠져나오는 탈출구입니다.

윈스턴 처칠의 옥스퍼드 대학 졸업식 연설은 역사상 최고의 연설로 유명합니다. 뜨거운 햇볕 아래서 졸업생들이 긴 순서에 지쳐 갈 때 수상의 연설이 시작되었습니다. 국가의 대표자가 하는 연설이니 졸업식의 가장 중요한 순간인 것은 분명합니다.

하지만 학생들은 더위와 햇볕과 지겨운 순서를 참아내기 힘들었습니다. 그 자리에 참석한 모든 사람이 그것을 알고 있었지만 아무도 그 상황을 탓할 수는 없었습니다. 수상이 연단에 올라 연설을 시작하였습니다. 가장 길고 지루한 순서가 시작되는 것입니다.

"졸업생 여러분 포기하지 마세요! 절대 포기하지 마세요! 결코 포기하지 마시기 바랍니다. 감사합니다. 연설을 마치겠습니다!"

윈스턴 처칠의 한마디 연설이 끝나자 파김치처럼 늘어져 있던 학생들과 졸업식에 참여한 사람들이 한순간에 정신을 차리곤 역사상 유래가 없는 박수와 환호를 보냈습니다. 연설 시간보다 박수 시간이 훨씬 길었습니다. 그 이전에도 그 후로도 처칠은 그런 박수를 받은 적이 없었습니다.

깊은 한숨과 실망과 지겨움으로 가득 찬 대중들에게 처칠의 한마디는 침체의 탈출구가 되었고, 역사에 남아 전 세계인의 활력소가 되었습니다. 말이 많다고 좋은 건 아닙니다. 꼭 필요한 말은 한마디라도 충분히 사람을 변화시킬 수 있습니다.

불안한 감정은 의미 없는 망상입니다. 병에 걸릴지 모른다는 막연한 불안은 병에 걸리면 사라집니다. 불안은 병을 치료하는데 아무런 도움이 되지 않습니다. 건강한 사람을 오히려 약하게 만들 뿐입니다.

근본도 이유도 없는 망상은 삶을 좀먹는 병균입니다. 망상은 종잡을 수도 없습니다. 근거도 없이 불안만 키워서 건강한 사람을 병들게 합니다. 죽음을 생각하는 순간부터 죽음을 두려워하게 됩니다. 죽을 것을 걱정한다고 삶에 도움이 되는 것은 아무것도 없습니다. 뱃속이 불편해지는 이유는 대상 없는 망상으로 정서가 깨지기 때문입니다.

감정에 몸을 맡기면 몸은 감정의 기복을 따라 요동치게 됩니다. 감정에 끌려가면 감정이 상하는 만큼 몸도 상하게 됩니다. 매 순간 요동치는 감정에 끌려가지 말고 몸을 움직여서 감정을 조절하는 것이 낫습니다.

우울한 날엔 즐거운 영화를 보러 가고, 슬픈 일이 떠오를 땐 맛있는 요리를 먹으러 가고, 기분이 가라앉을 땐 말이 통하는 친구를 찾아가십시오! 몸을 움직이면 감정은 반드시 제자리를 찾게 됩니다.